本书受到以下项目资助：

湖南省社会科学成果评审委员会一般项目
"生产率目标下新兴产业政府补贴机制的优化研究"（XS...）

湖南省教育厅科学研究项目
"新常态下政府补贴机制优化与湖南省新兴产业生产率提升研究"（17C0507）

中国包装联合会"绿色包装与安全"专项研究基金项目
"基于服务型制造理念的包装产业转型路径研究"（2017ZBLY08）

投资黏性对经济增长质量的影响研究

马永军 著

中国财经出版传媒集团
经济科学出版社
Economic Science Press

图书在版编目（CIP）数据

投资黏性对经济增长质量的影响研究/马永军著．
—北京：经济科学出版社，2018.9
ISBN 978-7-5141-9612-2

Ⅰ.①投…　Ⅱ.①马…　Ⅲ.①资本投入-影响-中国经济-经济增长质量-研究　Ⅳ.①F124.1

中国版本图书馆 CIP 数据核字（2018）第 180806 号

责任编辑：周国强
责任校对：隗立娜
责任印制：邱　天

投资黏性对经济增长质量的影响研究
马永军　著
经济科学出版社出版、发行　新华书店经销
社址：北京市海淀区阜成路甲 28 号　邮编：100142
总编部电话：010-88191217　发行部电话：010-88191522
网址：www.esp.com.cn
电子邮件：esp@esp.com.cn
天猫网店：经济科学出版社旗舰店
网址：http://jjkxcbs.tmall.com
固安华明印业有限公司印装
710×1000　16 开　11 印张　200000 字
2018 年 9 月第 1 版　2018 年 9 月第 1 次印刷
ISBN 978-7-5141-9612-2　定价：58.00 元
（图书出现印装问题，本社负责调换。电话：010-88191510）
（版权所有　侵权必究　打击盗版　举报热线：010-88191661
QQ：2242791300　营销中心电话：010-88191537
电子邮箱：dbts@esp.com.cn）

前　　言

从经济增长理论两百多年的发展历史来看，经济增长数量问题一直是国内外经济学者研究的热点，而对于经济增长质量的研究却较少。以资本投入为主要特征的发展模式，带来了中国经济三十多年的快速增长。然而，经济发展中的投资消费失衡、资源过度消耗、环境严重污染、技术进步缓慢以及中小企业融资难等问题也日益严重，这大大降低了经济增长质量。因此，找出投资中存在的问题和不足，促进经济增长质量提升不仅有利于弥补经济增长的理论缺陷，而且对于中国适应新时代经济，实现健康平稳可持续增长具有重大的现实意义。

为分析投资黏性的形成机理及其对经济增长质量影响的内在机制，进而构建起科学有效的经济增长路径操作框架，本书做了如下主要工作：

首先，本书根据经济增长与投资理论的发展历程，将所搜集的文献从投资、投资与经济增长、经济增长质量内涵、经济增长质量的影响因素、经济增长质量的度量、全要素生产率等方面进行了理论梳理，发现投资黏性及其对经济增长质量影响的研究比较欠缺，从而为后文的研究奠定基础。接下来，根据沉没成本谬误、黏性信息、锚定效应以及政府控制等理论，并结合中国经济发展实践，对于"投资黏性"这一较新的经济学概念进行了准确界定，并对其形成的理论基础进行了详细论述。

其次，分别从经济增长结构和产业升级两条路径，系统阐述了投资黏性影响经济增长质量的理论机制，提出了投资黏性与经济增长质量负相关的理论假设。根据投资黏性的理论内涵与外延，构建了一套投资黏性测算公式并采用 2002~2012 年省际面板数据对中国投资黏性和各省（自治区、直辖市）的投资黏性进行了度量。将全要素生产率作为经济增长质量的代理变量，并采用 DEA – Malmquist 方法对其动态变化特征进行了现实考察。采用固定效应模型、GMM 等计量模型，对投资黏性与经济增长质量负相关的理论假设进行了实证检验。

最后，利用因子分析模型，从 18 个影响因素中选取出了对投资黏性影响最为显著的六大类公共因子，并利用固定效应模型、系统矩估计等计量方法，实证检验了这些因子对投资黏性的影响。之后，根据各种因素对于投资黏性的具体影响效果提出了加快投资体制改革，创建新型官员政绩考核机制，发展多层次资本市场，加快利率市场化进程等政策建议。

通过对投资黏性与经济增长质量关系的细致研究，本书的创新之处在于：第一，从投资行为学出发，结合新经济增长理论、投资学理论以及当前中国经济发展的实际情况，对"投资黏性"的内涵和外延进行了准确界定。第二，借鉴牛顿内摩擦定律，构建了一套衡量投资黏性的计算公式，并对中国投资黏性的变化特征进行了实际考察。第三，详细阐述了投资黏性影响经济增长质量理论机制，并提出理论假设。第四，采用中国省级面板数据，对理论假设进行了实证检验，这是本书区别于经济增长质量同类研究的主要创新。第五，采用因子分析法找出了影响投资黏性变化的六大因子，为降低投资黏性提供了经验和对策支持。

马永军
2018 年 7 月

目 录
CONTENTS

| 第1章 | **绪论** / 1
1.1 选题背景 / 1
1.2 研究意义 / 4
1.3 文献综述 / 5
1.4 研究目的与研究方法 / 17
1.5 研究思路与内容结构安排 / 19
1.6 本书的创新点与不足之处 / 21

| 第2章 | **投资黏性影响经济增长质量的理论分析** / 24
2.1 投资黏性概念的提出 / 24
2.2 投资黏性影响经济增长质量的路径分析和现实考察 / 31
2.3 本章小结 / 38

| 第3章 | **投资黏性与经济增长质量的估算** / 39
3.1 投资黏性的测算 / 39
3.2 经济增长质量的测算 / 49
3.3 本章小结 / 64

| 第4章 | **投资黏性影响经济增长质量的实证检验** / 65

4.1 变量说明与数据来源 / 65

4.2 模型设定 / 68

4.3 样本基本特征描述 / 69

4.4 单位根检验与协整分析 / 73

4.5 投资黏性影响TFP定基指数的回归结果 / 74

4.6 稳健性检验 / 76

4.7 投资黏性对全要素生产率分解指标的影响 / 84

4.8 投资黏性影响经济增长质量的区域差异 / 84

4.9 本章小结 / 90

| 第5章 | **投资黏性影响因素的实证分析** / 91

5.1 投资黏性影响因素的因子分析 / 91

5.2 投资黏性影响因素的理论分析 / 101

5.3 投资黏性影响因素的实证分析：总体检验 / 107

5.4 投资黏性影响因素的实证研究：区域比较 / 115

5.5 本章小结 / 118

| 第6章 | **政策建议** / 120

6.1 加快投资体制改革，让市场在投资决策中起决定性作用 / 120

6.2 矫正地方政府的投资冲动 / 122

6.3 提高金融市场化程度、优化投资金融环境 / 125

6.4 加快信息化基础设施建设 / 128

6.5　优化投资的法治环境 / 129

　　6.6　打造企业家阶层，发挥企业家职能 / 130

| 第 7 章 | **主要结论与展望** / 132

　　7.1　主要结论 / 132

　　7.2　进一步研究的问题 / 133

附录　部分数据表格 / 135

参考文献 / 152

后记 / 167

第 1 章
绪 论

1.1 选题背景

经济增长作为经济学领域的基本问题之一,自亚当·斯密(1776)时代起便受到经济学家们的普遍关注。大卫·李嘉图(1817)、托马斯·马尔萨斯(1798)等古典理论学家阐述了经济增长的主要因素;而弗兰克·拉姆齐(1928)、哈罗德(1948)、索洛(1956)、斯旺(1956)、罗默(1986)、卢卡斯(1988)等现代经济增长理论学家则拓宽了经济增长理论的内涵,尤其是重点探讨了经济增长的源泉。纵观两百多年经济增长理论的发展历史,经济增长的数量问题一直是研究的重点,而关于经济增长质量的研究却较少,即使后来在经济发展的概念中有所涉及,但仍未形成关于经济增长质量研究的系统框架。以致目前片面追求经济增长所带来的结构失衡、环境污染、资源浪费等问题日益引起各国学者的重视,如何实现高质量经济增长已经成为当前经济学研究的热点课题。

中国自1978年改革开放以来,已经实现了三十多年的快速增长,经济成就举世瞩目。从经济总量来看,1978年中国GDP仅为3645.22亿元,居世界第十位,而2014年中国GDP已高达63.6万亿元,净增长约30倍,并且上升为仅次于美国的世界第二大经济体;从经济增长速度来看,1978~2014年中国年均经济增速保持在10%左右,远远高于同期世界经济平均约3%的增速;从人均GDP来看,中国人均GDP已由1978年的381元上升到2014年的

46531元，剔除价格因素净增长约20倍。按世界银行的分类标准，中国已经由低收入国家上升至中等收入国家的行列（见图1.1）。

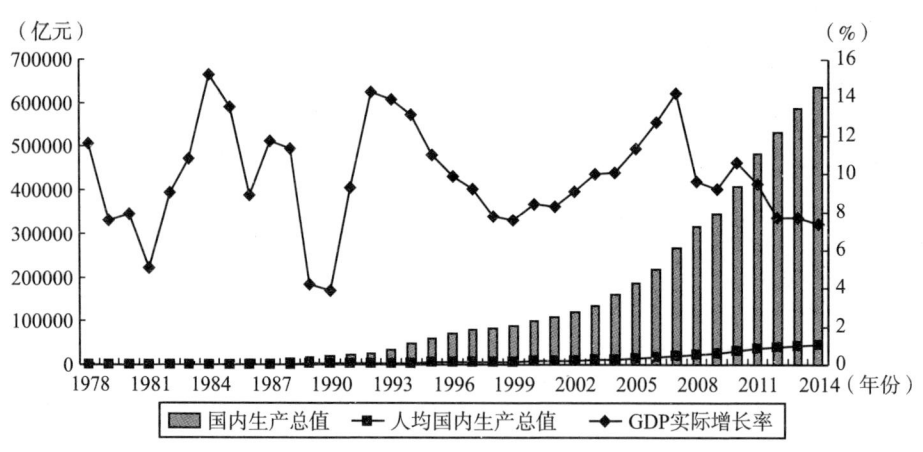

图 1.1　1978～2014年中国国民生产总值及增速

资料来源：相关年份《中国统计年鉴》。

从中国对世界经济的贡献来看，中国经济总量占世界经济份额已经由1978年的1.8%跃升到2013年的12.3%，其中，2008～2013年中国对世界经济的平均贡献率高达20%，为世界经济复苏做出了巨大贡献。

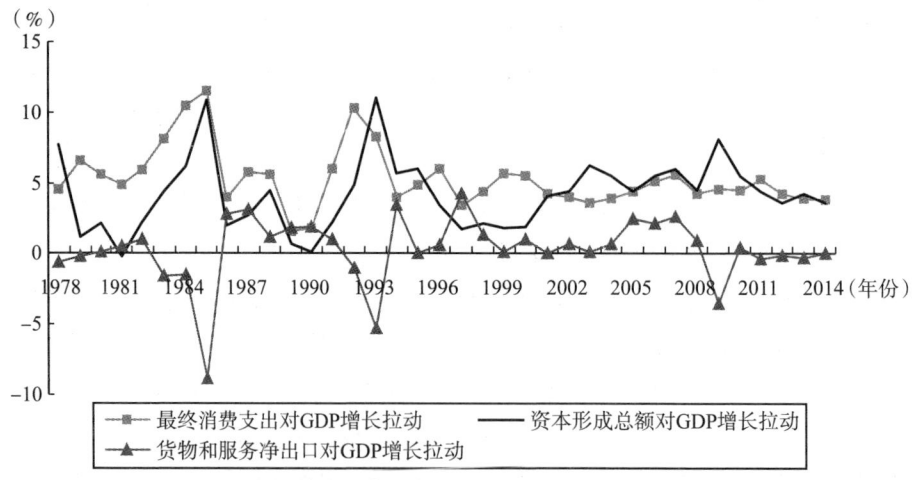

图 1.2　1978～2014年最终消费、资本形成与净出口对经济增长率的拉动情况

资料来源：相关年份《中国统计年鉴》。

然而，从拉动经济增长的需求层面来看，1978~1999年间，消费对于经济增长的拉动作用最大，而1999之后，经济增长主要来自资本的扩张（见图1.3）。图1.3显示1978~2014年间全社会固定资产投资规模不断扩大，实际增长率平均值达到15%以上。总体来看，中国经济增长呈现出典型的"资本驱动型"特征。

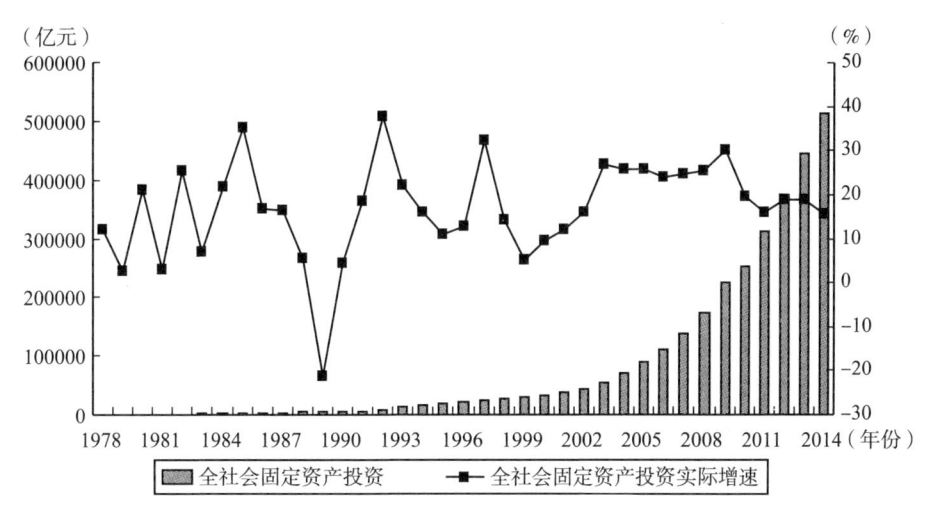

图1.3　1978~2014年全社会固定资产投资规模与实际增速

资料来源：相关年份《中国统计年鉴》。

这种依靠资本的投入、再投入来支撑和驱动的增长模式更多体现出数量的扩张，不仅效率不高，而且已导致一系列严重的经济问题产生，主要表现在：第一，金融资源总量虽然很大，但在扭曲的金融体制下，市场利率较高，无法真实反映市场供求关系，导致企业融资成本较高，越来越多的企业经营艰难，甚至破产倒闭。第二，中小企业作为国民经济发展的重要力量，占企业总数的比重已达到99%以上，对GDP、税收、就业岗位的贡献率分别超过60%、50%和80%。然而，融资难、融资贵等问题一直未得到有效解决，阻碍了中小企业的进一步壮大。第三，资源消耗高，环境污染严重，但能效极低。2012年中国能源消费量为42.6亿吨标准煤，占全世界能源消耗总量的20%以上。然而，中国单位GDP能耗却是世界平均水平的2.5倍，日本的7

倍，美国的3.3倍，并且高于巴西、墨西哥等发展中国家[①]。中国45种主要矿产资源中，可供开采到2020年的仅有煤、稀土等共14种。中国二氧化硫排放量居世界首位，二氧化碳年排放量也仅次于美国，全国75%的湖泊已出现不同程度的富营养化，每年产生工业固体垃圾达到10亿吨以上。第四，贫富差距过大，不利于社会稳定。国家统计局数据显示，2003~2012年中国基尼系数均处于0.47~0.49之间，平均值达到0.48，已超过警戒线水平，而发达国家一般低于0.36。第五，区域差距过大。东、中、西部地区2014年的地区生产总值与1978年相比分别净增长了34.8倍、26.4倍和30.5倍，而东、中部地区的地区生产总值差距却扩大了46.2倍，东、西部地区的地区生产总值差距扩大了37.8倍。第六，产业结构失衡，产能过剩问题突出。由于盲目投资、低水平扩张，钢铁、焦炭、电解铝等行业生产能力过剩，资本回报率降低，产业结构不合理的矛盾日益突出。这些问题充分说明1978年以后中国经济增长速度虽然很快，但经济增长质量却较低。

其实，我国的许多经济学工作者早已指出，过分依赖投资推动经济增长，只能实现短期内的高速增长，不能实现长期的持续快速稳定增长，并且还会对长期增长潜力造成伤害（蔡昉，2013）。然而，我国固有的经济增长模式却无法摆脱对投资的依赖，这在某种程度和现象上说明，我国可能存在投资的黏性问题。因此，如何调整投资的规模和结构，提升投资的市场弹性，促进经济增长质量显著提高，已成为我国现阶段经济发展必须解决的关键问题。

1.2 研究意义

基于上文研究背景，研究投资黏性对于经济增长质量影响这一课题，不仅具有重要的理论价值，而且具有较强的现实意义。

在理论价值方面：首先，基于投资行为学和黏性信息理论，对于"投资黏性"这一全新的经济学概念进行了准确界定，并就其具体含义进行了深入探讨，丰富和完善了投资学理论。其次，进一步完善了现有的经济增长理论。

[①] 中国工程院院士、原能源部副部长陆佑楣在2013能源峰会暨第五届中国能源企业高层论坛上的讲话。

由于研究起步较晚,经济增长质量仍是当前研究较少的理论问题。理论欠缺部分集中表现在内涵界定不清晰、影响因素分析不全面,这也是巴罗、阿罗等著名经济学家正在努力探索的一个理论难题。而在投资黏性影响经济增长质量这一课题研究上更是鲜有涉及。因此,研究投资黏性与经济增长质量将是对经济增长理论的进一步发展和完善。

在现实意义方面,研究投资黏性与经济增长质量的关系具有较强的应用性。自 2008 年金融危机以来,经济下行压力增大,中国经济已经进入由高速增长向中高速增长转换的关键时期。在新常态经济下,如何化解产能过剩、创新投资体制、提高资源配置效率一直是各级政府关注的焦点。本书基于投资黏性视角分析经济增长质量提升路径的研究成果,必将为中国投资体制的制定与完善提供政策参考。

总之,无论是从发展投资学和经济增长理论的角度来讲,还是从解决中国经济增长困境、提升经济增长质量来讲,系统地研究投资黏性与经济增长质量问题均具有重大意义。因此,本书的研究课题不仅是理论发展的需要,更是实践推进的需要。

1.3 文献综述

投资和经济增长一直是经济学家研究的热点问题。近年来,国内外众多学者更是围绕着投资、经济发展以及两者关系进行了深入细致的研究,并且获得了一批丰硕成果。根据研究重点的不同,本书将所搜集的国内外文献划分为以下几类。

1.3.1 关于投资的相关研究

关于投资的研究可以分为两个方面。在投资效率研究方面,葛新元等(2000)采用行业数据,发现资本产出比在工业、农业、建筑业、交通等 6 个行业之间存在显著差异;韩立岩和蔡红艳(2002)通过测算投资的利润弹性,发现资本在工业行业结构间未实现有效配置,并且这种投资的行业结构效率在不断下降；潘文卿和张伟（2003）的研究则表明中国投资效率的波动性较大；吴敬琏（2004）认为只有加快推进金融体系改革才能扭转投资效率持续下滑的局面；高善文（2004）则采用工业部门的增量产出资本比（狭义增量产出资本比）作为投资效率的衡量指标，发现中国企业的投资效率实际上处于缓慢稳步上升阶段；宋国青（2004）发现采用不同的经济指标衡量投资效率可能得到截然相反的结果；张永军（2004）在采用增量资本产出比考察投资效率时发现，近年来中国的投资效率并未随着投资率的攀升而上升，反而呈现显著的逐年下降趋势。龚六堂和谢丹阳（2004）则发现不同省份在资本边际生产率上存在一定差异，但差距在不断缩小；赵志耕（2005）则通过考察资本在产业部门以及区域间的转移，发现投资主体结构出现了显著变化；张军（2003）研究表明农村工业化和非国有小企业的利润增加是1978~2000年间中国投资效率提高的主要原因；陈新民等（2010）采用企业微观数据研究中国投资效率问题，发现政府投资效率较低，且对于投资机会的灵敏度要低于非政府投资。在投资决定因素研究方面，武剑（1999）认为公众的不稳定预期和政府的不当干预会导致投资压抑现象的产生；世界银行分析报告（2003）则表明，中国行业结构不合理和收入分配政策导致企业高储蓄、低投资；贺力平（2004）研究结果表明金融发展对投资规模具有一定的促进作用，但对投资效率的提升作用比较微弱，而投融资体制改革对投资规模增长的促进作用十分显著；樊胜和李玲（2004）的研究结果表明，全社会固定资产投资与不确定性之间为负相关关系，但行业投资与不确定的关系却并不显著；韩立岩（2005）发现行业投资的增长并不取决于利润；谢瑞（2004）则研究了不同条件下固定资产投资模型；胡斯蒂尼亚诺（Justiniano，2010）借助新的新古典综合模型研究经济周期与投资之间的关系，研究结果表明经济周期会对投资边际效率形成较大冲击。

1.3.2 关于投资与经济增长的研究

投资与经济增长作为经济增长理论的核心内容，备受经济学者的关注，研究成果颇丰。本书将从以下几个方面进行介绍。

（1）研究投资总量与经济增长关系的文献。利普斯和克拉维斯（Lipsey

& Kravis，1987）认为存在经济增长对资本形成的单向因果关系；布朗斯特罗姆（Blomstrom，1996）和万豪特（Vanhoudt，1998）等人的结论却表明两者的因果关系应该是从经济增长到资本形成，而并非从资本形成到经济增长。耿明斋和胡晓鹏（1999）的研究结果表明，投资虽然是拉动中国经济增长的主要动力，但为了保持经济平稳持续，必须警惕过度投资问题；关安迪（Kwan Andy，1999）采用 Engle – Hendry 外生性研究框架研究固定资产投资与经济增长关系时，发现资本形成和收入增长之间的关系是稳健的；罗云毅（1999）的计量结果则表明，投资并非促进长期经济增长的主导力量；裴春霞（2000）却认为，投资波动同经济增长具有较强的相关性，其中，非国有经济投资的变动是导致中国投资波动的主要因素；埃琳娜和加埃塔诺（Elena & Gaetano，2001）的研究结果表明固定资产投资和经济增长之间存在着双向关系；而刘金全和于惠春（2002）运用格兰杰因果关系检验，从总量和增量两个角度考察中国固定资产投资与实际产出之间的关系时却发现，固定资产投资与实际 GDP 和之间不存在显著的双向因果关系；余东华（2004）则分别从速度和质量的角度出发，实证考察投资率对于经济增长的影响；李红松（2004）利用双变量 VAR 模型，利用中国东、西部地区的经济数据，实证分析了投资和经济增长之间的关系，研究结果表明两者之间只存在显著的单向因果关系；孟昊（2005）研究发现投资应该处于合理区间内，否则会对经济增长产生负向作用；李占风和袁知英（2009）采用联立方程模型和脉冲响应函数，对 1978～2006 年中国宏观数据进行了实证分析，结果表明，投资对于经济增长的效用要高于消费和净出口；翁媛媛和高汝熹（2011）分析了投资效率对于经济增长质量提升的理论机制。

（2）研究不同行业投资与经济增长关系的文献。德隆和萨默斯（De Long & Summers，1991）发现美国的机器和设备投资与经济增长存在一种较强的从投资率到增长率的单向因果关系，并且生产性投资的投资率对于经济增长率起到了桥梁的作用，具有显著的乘数效应；马德森（Madsen，2002）也得出了与前者比较一致的结论；亨德里克斯（Hendricks，2000）则重点考察了不同国家的设备投资、设备价格与经济增长之间的关系。

（3）研究政府投资和民间投资与经济增长关系的文献。阿绍尔（Aschauer，1989）利用总量生产函数方法，对西方 7 个国家数据进行了分析。结果发现，政府投资对于经济增长的效用要强于民间投资；卡恩和莱茵哈特（Khan & Reinhart，1990）对24个发展中国家宏观数据的分析结果却显示，民间投资的经济增长效应更强一些；钞小静和任保平（2008）构建了政府投资、民间投资和经济增长理论分析框架，并实证检验了三者之间的关系；楚尔鸣和鲁旭（2008）在采用SVAR模型实证分析政府投资与私人投资对于经济增长影响的具体效应时，发现政府投资对于私人投资具有挤出效应，从而不利于经济增长；张卫国、任燕燕和侯永建（2010）采用29个省份面板数据，实证检验了地方政府投资对于经济增长的促进作用，研究结果显示，短期内政府资本产出弹性高于民间资本，而长期内却恰恰相反；秦学志、张康和孙晓琳（2010）采用投入产出模型，构建了投资力度和方向对于经济增长影响的理论模型；申亮（2011）通过构建投资博弈模型，分析了中国地方政府的投资行为，研究结果表明，在追求利益最大化过程中，地方政府投资具有较强的冲动性，在当前以GDP增长率为主要指标的政绩考核体系下，地方政府投资已偏离最优投资规模，降低了经济增长质量；张卫国、任燕燕和花小安（2011）采用省级面板数据，研究了地方政府投资行为、地区性行政垄断和经济增长三者之间的关系，结果显示，地方政府投资和地区行政垄断对于经济增长具有显著的促进作用，两者具有明显的替代作用；郭庆旺和赵旭杰（2012）采用贝叶斯空间计量模型和动态因子模型实证研究了地方政府投资竞争对于经济周期波动的影响，结果表明地方政府在政府投资规模上的竞争在一定程度上可以缓解全国经济周期波动，而在非政府投资规模上的竞争则加剧了全国经济周期波动；张海星和张海兰（2013）采用VEC模型，从产出效率和资源配置效率两个方面研究了中国投资效率问题，结果表明，虽然政府投资和私人投资均可以促进经济增长，但政府投资的产出弹性较小，持续时间较短。

综观上述文献不难发现，以前的学者主要关注投资效率、投资在产业间的配置、投资与经济增长之间的关系，而基于中国投资所具有的特殊性，尤其是投资表现出来的"迟滞"，即投资黏性研究的较少，至于研究投资黏性影响经济增长质量的文献更是寥寥无几，而这正是本书写作的出发点。

1.3.3 关于经济增长质量内涵的研究

经济增长质量属于一种规范性的价值判断，伴随着人类社会的发展这一概念可能具有动态特征。因此，经济增长质量的内涵很难界定。从国内外研究成果来看，主要存在狭义和广义两种界定方法。

狭义的经济增长质量观点认为经济增长质量应该是社会净财富的创造能力，即经济增长效率。在生产要素数量一定的条件下，生产效率越高则产出越多，经济增长质量越高。例如，卡马耶夫（1983）将经济增长质量定义为经济增长过程中使用的资源数量及其利用效率的变化；王积业（2000）则认为资本、劳动和土地等生产要素使用效率与配置效率提高的过程，集约式增长模式是实现经济增长质量提升的主要途径；钟学义（2001）、刘亚建（2002）则把经济增长质量定义为要素配置效率和经济增长效率；钱津（1996）则将经济增长质量系数定义为市场创新增长的增长率与国民经济增长率的比值；姚洋和章奇（2001）则从企业技术的角度界定中国工业经济增长质量。

广义的经济增长质量观点认为，经济增长质量应该包括多个方面。例如，维诺德（Vinod，2001）认为除增长速率、增长结构、投入产出效率等因素之外，经济增长质量还应该包括生活水平的改善、个人机遇、生态环境代价、国际的良性作用等方面；李京文和汪同三（1998）则用一些经济指标对 GDP 增长速度的平均弹性来描述中国经济增长质量；而巴罗（Barro，2002）则认为政治、社会和宗教等其他系统的改善也应该属于经济增长质量考察的范畴；彭德芬（2002）认为个体生活水平的提高、宏观经济效率的提升、产业结构的优化以及生态改善构成了经济增长质量的重要组成部分；刘树成（2007）将经济增长质量划分为经济增长方式的可持续性、经济增长结构的协调性、经济增长效益的和谐性以及经济增长的稳定性四个维度。由于经济发展方式与经济质量存在因果关系，一部分学者从经济发展方式转变的角度研究经济增长质量问题，例如，张卓元（2005）首先从资源瓶颈和体制制约两个方面，阐述了经济发展方式转变的必要性；卫兴华和孙咏梅（2007）从增强自主创新能力和调整优化产业结构两个角度提出了经济增长方式转变的具体途径；程恩富和尹栾玉（2009）则提出了经济发展方式转变的"五个控制和提升"；刘春宇和闫泽武（2010）从经济结构、产业结构、自主创新、农业发展方式、生态文明建设、社会事业和民生、文化产业和对外开放等 8 个方面，构建了经济发展方式转变的综合评价体系。

1.3.4 关于经济增长质量的影响因素研究

为找出促进经济增长质量提升的具体路径，一部分学者对经济增长质量的影响因素进行了深入分析。例如，库兹涅茨（1989）认为技术进步、生产率的提高和经济结构的变化是影响经济增长质量的主要因素；刘亚建（2002）基于生产率因素的视角，研究了科技竞争力对于经济增长质量的影响；研究结果显示，当前较低的教育投入阻碍了科技竞争力的提升，从而不利于经济增长质量的提高；戴武堂（2003）则认为劳动生产率、就业率、收入差距的合理程度等因素均会对经济增长质量产生显著影响；李依凭（2004）通过分析1978~2003年中国农民实际收入增长率变动与经济增长质量两者之间的关系，发现农村居民实际收入水平的变化不仅对于经济增长速度产生影响，而且会显著影响到经济增长质量的变化；洪英芳（2002）发现人力资源开发可以激发人的活力与创造力，成为经济高效增长的原动力，此外，人力资源开发能促使投入的要素效应实现最大化，提升经济增长质量；刘海英、赵英才和张纯洪（2004）认为人力资本积累是高质量经济增长循环的基点，通过对人力资本"均化"指标进行测算，实证分析了人力资本与经济增长质量的关系；刘海英和张纯洪（2007）则从所有制结构的角度出发，实证分析了非国有经济发展与经济增长质量的关系，结果表明，民营企业对于经济增长中的技术进步贡献率较低，可能与其低水平的创新能力有关。因此，民营企业阻碍了中国经济增长质量的提升。

1.3.5 关于经济增长质量度量的研究

随着现代经济增长理论的产生与发展，全要素生产率（TFP）成为狭义法中测算经济增长质量的重要指标。全要素生产率最初由肯德里克（Kendrick，1961）提出，被定义为非体现的技术进步，而全要素生产率增长率其本质可以理解为所投入全部要素的综合生产率的增长率。索罗（1956，1957）则将人均产出增长率分解为资本、劳动等要素投入增加和全要素生产率增长（TFPG）两部分。其中，全要素生产率增长率采用"索洛余值"来表示。正是由于全要素生产率包括了制度建设、资源的配置、技术进步、科技创新、管理等因素，在很大程度上可以作为经济增长质量的衡量指标，全要素生产率增长则被视为经济增长质量是否提升的重要标志。因此，大批学者通过测算全要素生产率来研究经济增长质量的变化情况（刘亚军和倪树高，2006；王兵、吴延瑞和颜鹏飞，2010；赵志耕和杨朝峰，2011；李玲、陶锋和杨亚平，2013）。

基于广义经济增长质量的不同内涵，不同学者构建了不同的综合评价体系来测算经济增长质量。例如，李周为和钟文余（1999）将评价体系划分为经济增长方式与集约化程度两个层面。樊元和杨立勋（2002）则将经济增长质量划分为要素质量、结果质量、效果质量以及条件质量等四大指标。梁亚民（2002）则提出了一个包含六个方面共17项指标的评价体系。杨长友（2000）则从生产效率、供求结构、技术创新、稳定性、经济福利和激励机制等六个方面构建了评价体系。单晓娅和陈森良（2001）则将经济增长质量划分为七个方面19个指标来进行考察。李变花（2004）进一步细化，从八个方面构建了经济增长质量的评价体系。钞小静（2009）则基于28个基础指标，采用因子分析法，对于各省份经济增长质量进行了综合评价。李俊霖和叶宗裕（2009）利用1978~2006年的统计数据，采用主成分分析法对中国经济增长质量进行了评估。陈晓声（2005）、纪淑萍（2006）、高丙吉（2009）则采用多元统计分析、因子分析等多种方法综合评价了中国经济增长质量。单薇（2003）利用熵值法综合评价了1995~2000年中国经济增长质量。刘海英（2006）利用17个反映产品质量、生态环境、生产成本的基础指标、运用相对指数法实际考察了中国经济增长质量的变化趋势。贾名清和汪阔朋（2009）利用2005年截面数据，运用信息熵工具法对于东部10个省份的经济增长质量进行了综合评价，结果显示北京最高。海南最低。徐辉、杨志辉（2005）则从经济增长的稳定性、协调性、持续性和增长潜力等四个方面、运用密切值法测算了1995~2003年中国经济增长质量。赵英才、张纯洪和刘海英（2006）从产出效率、产出消耗、产品质量、经济运行质量和生存环境质量等五方面构建了综合评价体系。李延军和金浩（2007）则利用1978~2004年宏观统计数据，综合评价了河北省经济增长质量的变化情况。申世军和邬凯生（2007）采用综合评价体系对广东省和山东省的经济增长增长进行了评价。

现有的大多数结果显示,中国经济增长质量并未随着经济增长速度的提升而得到显著改善(刘海英和张纯洪,2006;马建新和申世军,2007)。

1.3.6 关于全要素生产率的研究

目前,这一部分的研究可以大致划分为全要素生产率的测算和分解、影响因素分析两大类。

1.3.6.1 全要素生产率的测算和分解

马阿德万(Mahadevan,2003)认为,依据是否采用"参数"进行估计的划分标准,全要素生产率的测算方法可以归结成参数估计和非参数估计两类。其中,非参数估计并不需要设定生产函数的具体形式,更不需要进行计量回归,否则就是参数估计方法。目前,非参数方法比较典型的为索罗余值法与DEA–Malmquist模型,而参数估计则以随机前沿分析模型(SFA)为主要代表。接下来,将对这三种方法做简要介绍并梳理相对应的研究成果。

(1)索罗余值法。索罗余值法主要有两个步骤:首先估计出具体的生产函数,然后利用经济增长率减去各投入因素增长率来表示全要素生产率增长率。因此,该方法也被称为生产函数法。如果假设规模收益不变且满足希克斯(Hicks)技术中性,则全要素生产率增长率就是技术进步率。该方法由于模型简单,计算快捷,在早期得到了广泛应用。例如,张军(1991)、郭庆旺(2005)、孙新雷(2006)采用该方法测算中国全要素生产率时,发现中国全要素生产率增长率变化缓慢,甚至出现负值情况;而乔等(Chow et al.,2002)、孙琳琳(2005)、涂正革(2006)得出中国全要素生产率增长率增长较快,甚至高达7%的结论;叶裕民(2002)通过测算26个省份的全要素生产率增长率,发现中国经济增长属于资本和技术双推动型模式。

然而,随着索罗余值法的广泛应用,该方法计算全要素生产率时所暴露出来的缺陷和不足,导致广大学者对于该方法的准确性产生怀疑,这些缺陷和不足主要集中在三个方面:第一,由于全要素生产率增长率采用经济增长率减去各投入要素增长率所得,无法直接求解。因此,计算中存在的计算误差，会影响到结果的准确性。误差可能来自投入要素度量不准确和未充分考虑有必要的投入要素，如土地等一些投入要素。第二，未突破希克斯技术中性假设。该假设条件下增长过程中点技术替代率必须保持不变，即给定一个要素投入的价格比率，资本投入和劳动投入的比值不会受到技术进步的影响。然而，在实际的经济活动中这种假设很难满足。通常情况下，资本的积累会对技术进步产生显著影响，生产函数的形式也可能会发生相应的变化（郑玉歆，2007）。因此，希克斯假设可能本身是错误的。第三，各投入要素产出弹性的估计存在偏差，可能导致计算结果失真。

（2）随机前沿分析模型（SFA）。随机前沿分析模型最早由艾格纳（Aigner，1977）提出，可以在技术无效率条件下估算全要素生产率。该模型的一般形式可表示为：

$$y_{i\tau} = f(x_{i\tau}, t, \beta)\exp(v_{i\tau} - u_{i\tau}) \tag{1.1}$$

其中，$y_{i\tau}$ 用来表示生产者 $i(1, \cdots, N)$ 在第 $\tau(\tau=1, \cdots, T)$ 期的实际产出。$x_{i\tau}$ 则表示投入要素向量。$f(\cdot)$ 代表确定性前沿产出部分。β 是待估计的参数。t 是测量技术变化的时间趋势变量。为了避免混淆时间趋势变量 t 和标注投入产出时期的下标 τ，在以下的论述中，我们删除标注时期的下标 τ 和生产者下标 i，而只保留表示投入要素的下标 j，x_j 表示投入要素 j。误差项为复合结构，第一部分 $v_{i,t}$ 为观测误差和其他随机因素，第二部分 $u_{i\tau} \geq 0$ 是技术非效率指数，用来衡量相对前沿的技术效率水平。按照巴特斯和柯利（Battese & Coelli，1992）设定的随机前沿模型，假定时变非效率指数服从：

$$u_{i\tau} = u_i \exp[-\eta(t-T)] \tag{1.2}$$

这里，u_i 要服从非负断尾正态分布，即 $u_i \sim N^+(\mu, \sigma_u^2)$。参数 η 用来代表技术效率指数（$-u_{i\tau}$）的变化率，当该指数大于 0 时，意味着公司相对前沿的技术效率得到了不断改善，负值则表示不断恶化。随机前沿生产模型（1.1）和时变技术非效率指数模型（1.2）中的参数用最大似然法联合估计得到。似然函数中构造了方差参数：$\gamma = \sigma_u^2/\sigma_s^2$，$\sigma_s^2 = \sigma_u^2 + \sigma_v^2$。

接下来，我们需要对 γ 进行检验。如果 $\gamma = 0$，则采用普通的最小二乘法估计；如果 $\gamma > 0$，则采用随机前沿模型，并且 γ 与 1 越接近说明用随机前沿模型的效果越好。生产者 i 相对前沿的技术效率水平（$TE_{i\tau}$），衡量实际产出与潜在最大产出的比率。采用琼德洛和洛弗尔（Jondrow & Lovell，1982）提出的混合误差分解方法（简称JLMS技术），从混合误差 $v_{i\tau} - u_{i\tau}$ 中分离出技术非效率 $u_{i\tau}$。于是，

$$TE_\tau = \exp(-u_{i\tau}) \qquad (1.3)$$

根据昆布哈卡尔（Kumbhakar, 2000）的分析，全要素生产率增长可以分解成四个部分：技术进步效率（FTP）、技术效率的变化率（DTE）、资源配置效率（AE）以及规模经济效率（SE）。将等式（1.1）两边取对数，然后对时间 t 进行全微分可得：

$$\frac{d\ln y}{dt} = \frac{d\ln f(x,t)}{dt} - \frac{du}{dt} = \frac{\partial \ln f(x,t)}{\partial t} + \sum_j \frac{\partial \ln f(x,t)}{\partial x_j / x_j} \frac{dx_j / x_j}{dt} - \frac{du}{dt}$$

(1.4)

假定产出增长率为：$\bar{y} = \frac{d\ln y}{dt}$，$FTP = \frac{\partial \ln f(x,t)}{dt}$ 为前沿技术进步，表示在投入要素保持不变的条件下产出随时间的变化率，$\bar{x_i} = \partial \ln x_i / dt$ 表示是要素 x_i 的变化率。$\varepsilon_j = \partial \ln f(x,t) / \partial \ln x_j$ 表示要素 j 的产出弹性。这样等式（1.4）可以写成

$$\bar{y} = \frac{d\ln f(x,t)}{dt} - \frac{du}{dt} = FTP + \sum_i \varepsilon_i \bar{x_i} - \frac{du}{dt} \qquad (1.5)$$

按照增长核算，全要素生产率的增长为：

$$\overline{TFP} = \bar{y} - \sum_j S_j \bar{x_j} \qquad (1.6)$$

其中，S_j 是要素 j 在要素总成本中的份额，且有 $\sum_j S_j = 1$。在利润最大条件下，要素的产出弹性值应该等于要素的费用份额，这就是使用增长核算方法计算全要素生产率增长的理论依据。实际中，产出弹性和要素的费用份额可能不相等，这就是资源配置效率问题。

将等式（1.5）带入等式（1.6），经适当变换可得：

$$\overline{TFP} = FTP + \frac{du}{dt} + \sum_j (\varepsilon_j - S_j) \bar{x_j} = FTP + \left(-\frac{du}{dt}\right)$$

$$+ \sum_j (\lambda_j - S_j) \bar{x_j} + (RTS - 1) \sum_j \lambda_j \bar{x_j} \qquad (1.7)$$

其中，$\lambda_j = \varepsilon_j / \sum_j \varepsilon_j = \varepsilon_j / RTS$ 是前沿生产函数中要素 j 投入的相对产出弹性。很显然 $\sum_j \lambda_j = 1$。这样转换的目的是使得相对产出弹性 λ_j 与相对费用份额

S_j 具有可比性，以衡量资源的配置效率。$RTS = \sum_j \varepsilon_j$ 表示规模总报酬的大小。等式（1.7）右边的四项分别表示：

技术进步（FTP）：$FTP = \dfrac{\partial \ln f(x, t)}{dt}$；

技术效率变化率（DTE）：$DTE = -du/dt$；

资源配置效率（AE）：要素投入结构的变化对生产率增长的贡献：$AE = \sum_j (\lambda_j - S_j) \overline{x_j}$；

规模经济效率（SE）：要素的规模报酬对生产率增长的贡献：$SE = (RTS - 1) \sum_j \lambda_j \overline{x_j}$。规模经济是指在其他条件不变的情况下，产出增长比例高于要素规模综合增长比例。

借助该方法，涂正革和肖耿（2005）采用企业年度数据，研究了37个行业TFP增长率的变化趋势，并将TFP增长率分解为技术效率变化率、技术进步变化率、资源配置效率和经济规模效率四部分；王志刚、龚六堂和陈玉宇（2006）研究表明中、西部的TFP增长率要高于东部，即中、西部经济发展方式转变的速度更快一些；蒋萍和谷彬（2008）重点分析了我国东部、东北、中部和西部等四大区域服务业TFP增长率的差异；杨青青、苏秦和尹琳琳（2009）采用SFA方法，对中国服务业TFP增长率进行了估算，并给出了详细解释；周晓艳和韩朝华（2009）采用超越对数SFA模型，度量了我国东、中、西部三大区域的TFP增长率差异，研究结果表明，东部TFP增长率略高于中、西部；穆罕默德（Mehmet，2011）测算了土耳其榛子农业销售合作社联盟的TFP增长率；余泳泽和张妍（2012）采用三投入SFA模型，测算了我国高技术产业的TFP增长率，发现其呈下降趋势。

（3）DEA – Malmquist模型。数据包络分析模型（DEA）首先通过对统计数据进行分析来确定DEA的有效生产前沿面，然后再把非有效的决策单元影射到有效的生产前沿面上，之后通过计算非有效的决策单元与有效生产前沿面之间的偏离程度来评估各决策单元的相对效率。与前两者方法相比，该方法具有三个显著的优点：第一，不需要知道生产函数的具体形式、分布等假设，适合各种形式的投入产出模型；第二，不用提前知道投入产出的价格信息，在投入要素的数量和价格等信息不充分的条件下更为适用；第三，行为假设不受约束、限制条件少。凭借这些优势，该方法在当前全要素生产率的测算中占据主导地位。

20世纪90年代，卡夫和查恩斯（Caves & Charnes，1994）等人通过将Malmquist指数法与DEA理论相结合，创立了DEA-Malmquist方法，在全要素生产率的测算上得到了广泛的应用。其中，吴延瑞（2008）采用地区数据，对中国的TFP增长率、技术进步变化率和技术效率变化率进行了估算；陶长琪和齐亚伟（2010）研究表明，东部TFP增长率明显高于中西部，即东部经济发展方式转变的速度要快于中西部；斯莫尔尼（Smolny，2010）发现，在90年代之前，东德联邦政府的经济增长主要依靠要素投入，而90年代中期以后TFP增长率的作用明显；伯恩哈德（Bernhard，2011）测算了14个欧洲国家的TFP增长率；查德特纳（Chad Turner，2013）实证结果表明经济增长率的75%来自于TFP增长率；雷瓦特（Rebat，2013）分别测算了巴西和阿根廷的全要素生产率，并比较了两者间的差异。

1.3.6.2　全要素生产率的影响因素研究

约瑟夫（Joseph，2002）实证研究了贸易政策与TFP的关系；康志勇（2009）分析了出口贸易溢出对于TFP增长率的影响；陈柳（2010）研究了制造业产业集聚对于TFP增长率的影响。研究结果表明，产业集聚通过技术效率的提高影响TFP增长率；关兵（2010）则重点研究了出口增长、出口地理方向和TFP增长率之间的关系；赵彦云（2011）分析了不同专利类型对于TFP增长率的影响；孙慧杰（2011）运用GMM方法，检验了金融发展水平对于TFP增长率的影响；毛其淋（2011）在新增长理论基础之上，通过构造内生化的全要素生产率模型，实证检验了对外经济开放和区域市场整合对省际TFP的影响；奥洛普（Arup，2011）研究表明核心基础设施对于TFP具有较强的推动作用，而信息和通信技术作用较微弱；阿勒玛斯（Almas，2011）考察了多种关键技术因素对于TFP增长率的影响；尚盖塔和卡洛斯（Sangeeta & Carlos，2011）研究表明，金融摩擦对于TFP增长率具有超过一半的解释力；赫策（Herzer，2011）实证结果表明FDI对于发展中国家的TFP增长率具有长期的促进作用；李晓嘉（2012）采用省级面板数据，实证检验了公共支出对于TFP增长率的影响；拉杜（Ladu，2012）在研究欧洲国家就业与TFP增长率关系时,发现两者关系并不明确;莱萨格和费希尔(LeSage & Fischer, 2012)实证研究了静态和动态知识资本溢出效应对于区域 TFP 增长率的影响;张红凤(2013)着重研究了所有权结构对 TFP 增长率的影响;李婧妍和金多妍(Jeong Yeon Lee & Doyeon Kim, 2013)实证研究了自由贸易安排、单一市场和共同货币区对于欧洲国家 TFP 增长率的影响;迪宾恩杜(Dibyendu, 2013)研究表明,只有当市场建全时,对外开放才对 TFP 增长率才能起到积极作用。

1.3.7 文献评述

从现有的国内外研究来看:首先,对于投资的研究文献虽然众多,但大部分研究投资规模或者速度与经济增长的关系。对于投资黏性的研究是少之又少,关于投资黏性与经济增长质量关系的研究领域尚属空白。其次,对于经济增长质量的界定可以概括为两类观点:一种是广义定义法,认为经济增长质量是与经济增长数量相对立的经济增长的稳定性、持续性等因素的综合;另一种则将经济增长质量理解为经济增长的效率,即全要素生产率。在广义定义法中,现有文献大多从经济增长数量视角出发,把除增长数量以外的各种因素都纳入经济增长质量的范围之中,随意性较大,经济增长质量水平的测度结果存在着一定程度的偏差。而全要素生产率由于测算技术比较成熟,数据来源比较明确,在很大程度上可以作为经济增长质量的衡量指标。

1.4 研究目的与研究方法

1.4.1 研究目的

本书的研究目的主要有如下两个:
(1)在理论上探讨"投资黏性"这一概念,根据目前国际前沿对"黏性"问题已有的研究,分析投资黏性形成的理论基础、基本特征及影响因素,从而延伸投资学的理论空间,丰富现有的投资经济理论。并从投资黏性影响经济增长质量变化的途径入手,通过理论分析构建起投资黏性影响经济增长质量变化的系统理论框架,进一步完善经济增长质量理论。

(2) 在实际应用层面,运用 DEA – Malmquist 模型,对 2002~2012 年中国全要素生产率进行实际测算,考察经济增长质量的变化特征,为当前加快经济发展方式转变提供经验支持。此外,运用广义矩估计等计量方法实证分析投资黏性对经济增长质量的影响,为降低投资黏性,促进投资体制改革提供决策参考。

1.4.2 研究方法

(1) 文献研究法。主要用来对国内外研究成果进行搜集、鉴别、整理,归纳出主要结论,从而对本书的研究对象形成事实科学的认识,为本书研究提供坚实的理论基础。

(2) 比较分析法。该方法包括纵向比较分析和横向比较分析两种。其中,纵向比较分析主要考察同一指标在不同时间所表现出的不同性质和特点;横向比较分析则分析同一指标在不同国家或地区所表现出的差异。本书在实际考察中国 2002~2012 年经济增长质量和投资黏性的总体特征之后,将采用横向比较分析的方法分析经济增长质量与投资黏性具有的区域特征,从而为区域结构调整提供政策参考。

(3) 归纳推理法。作为经济学、统计学中的基本推理方法,该方法从具体的事实或现象出发,通过概括和总结认识和把握社会经济活动的一般规律。本书将采用该方法,基于中国经济发展的现实情况,结合投资行为学、现代投资学理论对于"投资黏性"这一经济学概念的内涵和外延进行界定,并阐述其形成的理论基础及其影响因素。

(4) 定量分析方法。本书将采用 DEA – Malmquist 模型对于 2002~2012 年中国全要素生产率进行实际考察。采用系统 GMM、差分 GMM 与固定效应模型实证分析投资黏性对于全要素生产率的影响。

(5) 收敛性分析方法。收敛性分析方法主要用于判断某一指标在区域内差距的收敛与发散情况,主要包括绝对收敛与条件收敛两种。在对投资黏性、经济增长质量的区域分布特征进行考察时,本书将采用该方法对这两个变量

第 1 章 绪　论

进行收敛性分析。

（6）因子分析法。在投资黏性影响因素的实证分析中，将首先采用该方法从众多指标中挑选出对于投资黏性影响最为显著的公共因子，然后再进行影响因素的实证分析。

1.5　研究思路与内容结构安排

1.5.1　研究思路

本书将遵循"研究视角国际化、研究问题方法前沿化、研究问题本土化"的研究思路，综合利用投资行为学、区域经济学、计量经济学等基本理论和研究方法，以投资黏性与经济增长质量关系作为核心研究内容，在中国加快经济发展方式转变的背景下，首先对中国经济增长历史进行考察，探讨投资活动中存在的问题。接下来，从投资的供给与需求曲线的角度，引出"投资黏性"这一全新的经济学概念，并且从投资行为学的角度阐述投资黏性形成的理论基础、基本特征及影响因素。然后，从理论和实证两方面研究投资黏性与经济增长质量之间的关系。最后，基于本书的主要结论，主要从投资体制改革、矫正地方政府投资冲动、优化金融环境、提高法治水平、加快信息基础建设、提高企业家职能等六个方面，提出经济增长质量有效提升的政策建议。具体技术路线如图 1.4 所示。

1.5.2　本书的内容结构安排

根据研究思路，本书的内容结构安排为七章，每一章的具体内容如下：

第 1 章为绪论。本章首先从经济增长理论的发展历史以及中国三十多年的经济增长历程两个方面阐述本书的选题背景与研究意义，然后从六个方面综述国内外现有的研究成果并进行评述，最后介绍本书的研究思路和研究方法、创新点与不足之处。

```
                    ┌─ 关于投资的理论研究
                    ├─ 投资与经济增长的关系
         ┌ 文献综述 ─┼─ 经济增长质量的内涵
         │          ├─ 经济增长质量的测算
         │          ├─ 经济增长质量的影响因素研究
         │          └─ 全要素生产率的研究进展
         │
投        │          ┌─ 投资黏性的定义和基本特征
资        │
黏        ├ 理论分析 ─┼─ 投资黏性形成的理论基础
性        │          └─ 投资黏性影响经济增长质量的理论机制
对
经        │          ┌─ 投资黏性的度量
济        │
增        ├ 实证分析 ─┼─ 经济增长质量的测算
长        │          ├─ 投资黏性影响经济增长质量的实证检验
质        │          └─ 投资黏性影响因素的实证分析
量
的        │          ┌─ 加快投资体制改革
影        │          ├─ 矫正地方政府的投资冲动
响        │          │
研        └ 政策建议 ─┼─ 提高金融市场化程度、优化投资金融环境
究                   ├─ 加快信息化基础设施建设
                    ├─ 优化投资的法治环境
                    └─ 打造企业家阶层、发挥企业家职能
```

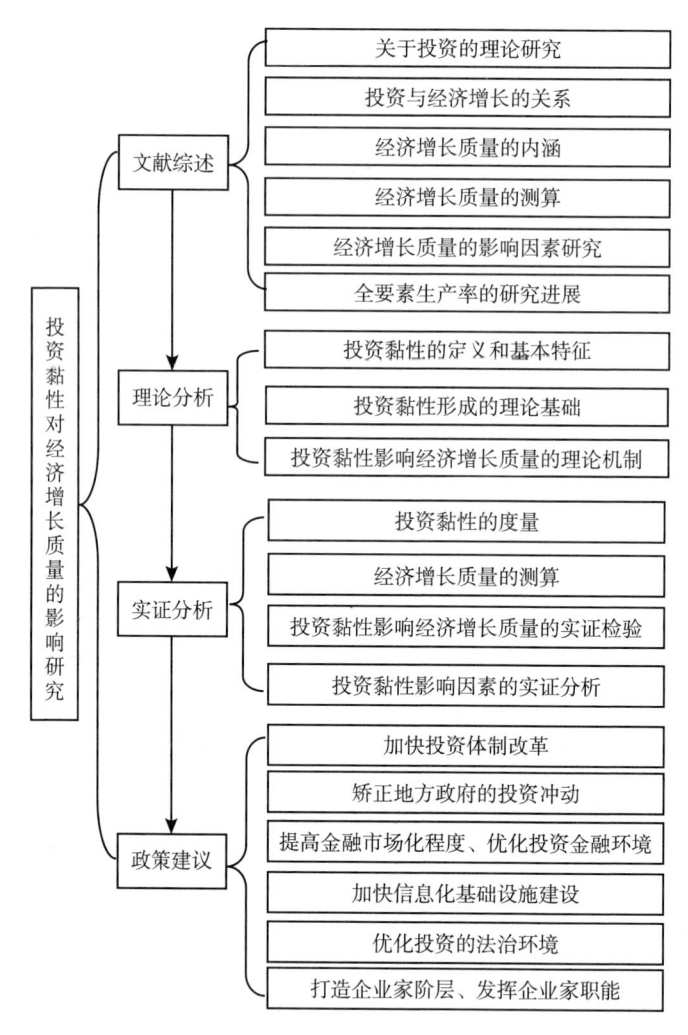

图 1.4　技术路线

第 2 章为投资黏性影响经济增长质量的理论分析，是本书的理论基础。首先，从投资行为学、现代投资理论出发，利用黏性信息、沉没成本、锚定效应与政府控制等四个层面探讨投资黏性产生的理论基础；其次，对投资黏性具有的基本特征与影响因素进行详细阐述和论证；再次，理论分析投资黏性对于经济增长质量的影响途径；最后，基于全要素生产率视角，构建数理模型详细阐述投资黏性影响全要素生产率变化的内在机制。

第 3 章为投资黏性与经济增长质量的估算。本章将分为两大部分。第一部分为投资黏性的实际测算，包括投资黏性测算方法的介绍、中国投资黏性变化的整体特征、区域差异以及投资黏性的收敛性分析等内容；第二部分为经济增长质量的实际度量，包括 DEA – Malmquist 模型的简介、中国全要素生产率的整体特征、区域差异及其收敛性分析等部分。

第 4 章为投资黏性影响经济增长质量的实证检验。首先，采用中国 2002 ~ 2012 年省级面板数据，利用固定效应模型、广义矩估计等方法实证检验投资黏性对全要素生产率的影响，并采用 5 种方法进行稳健性检验，保证实证结果的科学性。其次，本书将分别实证检验投资黏性对于技术进步变化指数、技术效率变化指数、经济规模变化指数的影响。最后，实证考察投资黏性对经济增长质量影响的区域差异。

第 5 章为投资黏性影响因素的实证分析。首先，采用因子分析方法，从 18 个指标中选出最为显著的影响因子。其次，从理论层面阐述这些因素影响投资黏性的具体过程以及产生效应。最后，利用计量模型实证检验这些因素对于投资黏性影响的具体效果，从而为投资体制改革提供经验支持。

第 6 章为政策建议。基于本书的研究结论。这一章将分别从投资体制改革、矫正地方政府投资冲动、提高金融自由化水平、加快信息化基础设施建设、优化投资的法治环境、打造企业家阶层等六个方面提出降低投资黏性的政策建议。

第 7 章为主要结论与展望。首先概括本书的主要研究成果，并指出本书研究中的不足，并对本书可以进一步开展的工作进行说明。

1.6 本书的创新点与不足之处

1.6.1 创新点

（1）对于"投资黏性"这一全新的经济学概念进行了界定。本书以投资行为学为依据，结合新经济增长理论、投资学理论以及当前中国经济发展的实际情况，对于投资黏性的内涵与外延进行了准确界定。投资黏性属于一种规范性的价值判断，而且随着人类社会不断地变化，这一范畴可能具有动态特征。

（2）通过构造测算公式，对"投资黏性"进行了度量。在详细阐述投资黏性的理论基础上，本书构造了一个投资黏性指数来度量中国及各省份的投资黏性。由于现有文献对于投资黏性的定义并不清晰，且未形成系统的研究框架，关于投资黏性测算方法的研究更是属于空白区域。而本书将依据投资黏性的内涵与外延构建投资黏性指数，对于中国及各省份的投资黏性进行实际考察。

（3）从理论和实证两个层面考察了投资黏性对经济增长质量的影响。本书结合投资与经济增长理论，并将之前零散的分析进行整合，把投资黏性与经济增长质量放在统一的理论框架下进行了详细讨论。投资作为影响经济增长的主要因素，其变动的"迟滞性"即投资黏性对于经济增长质量的影响也十分的显著。本书通过详细、严谨的理论推导，对于投资黏性与经济增长质量之间的关系进行了深入分析，不仅提出了研究假设，而且对假设进行了实证检验，这是本书区别于经济增长质量同类研究的主要创新。

（4）基于投资黏性的基本特征，对投资黏性的影响因素进行了深入分析。首先，根据因子分析的结果，找出了影响投资黏性变动的六大显著因子。其次，实证分析了这六类因子对于投资黏性的具体影响，并根据分析结果得出了降低投资黏性的政策建议。

1.6.2 不足之处

（1）黏性问题是当前经济学领域研究的热点课题。目前黏性的研究主要集中价格黏性、工资黏性、成本黏性和黏性信息。其中，黏性信息是其他黏性产生的基础，并且各种黏性之间又存在着一定的联系。本书所研究的投资黏性当然也不例外。虽然本书对投资黏性进行了深入探讨，并详细阐述了它与黏性信息的联系，但并未研究它与价格黏性、工资黏性以及成本黏性之间的关系。

（2）投资黏性可以通过多个渠道影响经济增长质量，例如，投资黏性会导致资本长期滞留在某一行业,影响资本在产业中的配置效率;投资黏性的存在会导致投资规模居高不下,影响消费、出口,从而导致"三驾马车"严重失衡,造成经济增长不稳定。此外,在投资黏性下,区域产业转移会具有黏性特征,从而加剧区域发展失衡问题,进而不利于经济增长质量的提升。然而,限于篇幅和当前研究进度的影响,本书仅从增长结构和产业升级两方面详细阐述投资黏性影响经济增长质量的内在理论机制。

第 2 章
投资黏性影响经济增长质量的理论分析

经济增长应该既有量的表现，又有质的要求，从而达到质和量的有机统一。然而，在各国的经济增长中，尤其是发展中国家，由于投资的过度依赖所导致的环境污染严重、资源消耗高与技术进步迟缓等一系列经济增长低质量现象日益突出。因此，本书将结合现代投资学、投资行为学和经济增长质量理论，立足于中国经济的实际状况，探讨投资黏性影响经济增长质量的理论机制，从而为破解当前经济增长困境、实现绿色、高效、可持续经济增长提供理论支撑。

2.1 投资黏性概念的提出

2.1.1 国内外关于黏性的理论研究

虽然经过几个世纪的发展，经济理论得到了不断的丰富和完善，然而，一些基本的经济现象和经济问题仍无法得到合理的解释。例如，在完全竞争、充分就业、完全信息的假设条件下，市场供求关系的变化，会马上导致价格的变化，然而在现实经济生活中，有时供求关系发生了变化，但价格却保持不变，或者供求关系变化的幅度，明显大于价格变化的幅度，这使价格变化明显带有黏性。黏性理论作为凯恩斯主义的基本信条，经过新凯恩斯学派的继承和扩展,已经成为经济学的研究热点。在经济学上,黏性通常指价格变量不能随市场供求关系的变化而迅速做出调整,最终导致生产要素在时间、空间等方面的配置出现偏差,从而不利于经济增长和经济发展方式转变。当前黏性的研究主要集中在价格黏性、工资黏性、成本黏性和黏性信息等四个方面。

(1) 价格黏性通常指在市场结构、消费者心理及厂商竞争策略等因素影响下,市场价格的调整存在一定阻碍,从而导致商品价格无法频繁调整。目前关于价格黏性的理论解释主要有菜单成本、尾数定价、公平定价和信息成本等四类(Kashyap, 1995;Arigaa et al, 2001)。思诺通(Snordone, 2002)率先提出了价格黏性的理论模型,并被之后的多数学者采用。王文甫(2010)通过实证分析发现中国价格黏性的周期是 4 年。戴国强(2006)、焦耳(Jouchi, 2009)实证结果表明利率存在黏性。

(2) 工资黏性通常指工资不能随劳动力市场的供求变动而及时、迅速地调整,从而表现出工资调整缓慢、滞后的一种经济学现象。工资黏性往往具有往上调整容易,向下调整却很难的基本特征。而合约期限、菜单成本是造成工资黏性的主要原因。新凯恩斯主义经济学者利用该理论对于西方国家的非自愿失业现象进行了合理的解释。在国外研究方面,卡恩(Kahn, 1997)利用 1970~1988 年数据(PSID 数据库),证明了美国存在名义工资黏性与菜单成本。史密斯(Smith, 2000)利用英国 BHPS 数据库的年度数据,发现英国劳动力市场的名义工资向下黏性程度非常有限。此后,克努普匹克和贝辛格(Knoppik & Beissinger, 2003)、郝里斯托菲季斯和莱昂(Christofides & Leung, 2003)分别发现德国、加拿大劳动力市场存在工资黏性现象。在中国研究方面,刘培林和宋湛(2002)对不同行业的工资黏性进行了比较;王仕豪和张智勇(2006)发现名义工资黏性是导致中国制造业中民工荒的主要原因;徐建炜、纪洋和陈斌开(2012)采用 2002~2006 年中国 18 个省区市城市住户抽样调查数据实际测算了名义工资黏性,发现自 2002 年以来,中国工资向下黏性不断增大,但向上黏性的变化并不明显。

(3) 成本黏性一般指业务量增加时的成本增加量大于业务量等额减少时的成本减少量。苏布拉马尼亚姆和魏登米尔(Subramaniam & Weidenmier, 2003)通过扩大成本范围(加入销售成本)拓展了成本黏性理论。安德森、班克和贾纳基拉曼（Anderson、Banker & Janakiraman，2003）利用美国公众公司为研究对象，首次通过大样本证实了美国公众公司存在成本黏性，并且从未来不确定性和调整成本两方面对成本黏性进行了解释。巴拉科瑞斯南（Balakrishnan，2004）发现一个全负荷运转的组织，成本黏性水平较高。迈克尔和托马斯（Michael & Thomas，2006）发现营业成本具有黏性。边喜春（2005）针对成本费用黏性提出了相应的应对措施。孙铮和刘浩（2004）采用292家中国上市公司的年度数据，研究了营业费用和管理费用黏性。孔玉生、朱乃平和孔庆根（2007）采用2001～2005年中国927家A股上市公司数据测试发现，上市公司存在着成本黏性，并且时间范围越长，成本黏性水平越小。

（4）黏性信息是指经济变量变化的信息在各经济体之间的传播是缓慢的，从而使得经济变量无法及时地做出调整。西姆斯（Sims，2003）利用信息论阐述了理性疏忽的内涵，认为处理信息能力的限制产生了疏忽行为，从而导致了黏性信息产生。雷伊斯（Reis，2009a）则将黏性信息加入计量模型，研究货币政策宣布对经济指标的影响。卡恩（Khan，2006）测算结果表明，美国信息黏性长度处于9个月和21个月之间。雷伊斯等（Reis et al.，2006a）则发现企业和消费者的信息黏性小于12个月。曼昆和雷伊斯（Mankiw & Reis，2007）发现美国所有市场中均存在黏性信息。

实际上，黏性信息是价格黏性、工资黏性和成本黏性形成的微观基础。也正是黏性信息的存在，其他经济变量也具有黏性特征。例如，骆祚炎（2011）等人则分别研究了消费黏性问题；罗浩（2003）、程必定（2010）以中国作为样本，重点分析了产业转移黏性问题及其产生原因；李昊和王少平（2011）则分析了通货膨胀黏性产生的内在机理。

2.1.2 投资黏性的定义

一般"黏性"是指价格变量不能随着市场供求关系的变化而迅速做出调整，而实际上，黏性还存在相反的经济现象，即价格变化后，供求关系是否做出迅速调整。如果价格变化后供给或需求能做出迅速调整，则不存在供给黏性或需求黏性；如果价格变化后，供给或需求不能做出迅速调整，则存在供给黏性或需求黏性。同样，利率是资本市场价格，如果利率变化后，投资或储蓄能做出迅速调整，则不存在投资或储蓄黏性；如果利率变化后，投资或储蓄不能做出迅速调整，则存在投资黏性。基于这一认识，本书认为，投资黏性是投资供给不能随利率等市场变量的变化而迅速做出调整的现象，在现实生活中主要表现为"投资惯性"或"投资行为迟滞"。

在完全竞争、完全信息市场下，投资来自于储蓄，随着利率的上升，投资的供给不断增加。因此，投资的供给曲线为一条右向上的直线。而利率的上升会导致投资的成本增加，投资的需求会随之减少。因此，投资的需求曲线为一条右向下的直线。下面将通过图2.1来说明投资供给黏性是如何产生的。

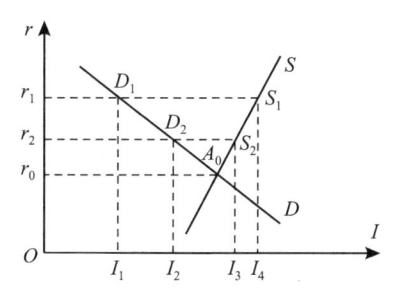

图 2.1 投资供给与需求

图2.1中横轴表示投资I，纵轴表示利率r，S表示投资供给曲线，D表示投资需求曲线。两条曲线的交点A_0对应的利率r_0为均衡利率，此时投资的供给与需求相等。假设r_1为初始利率水平，此时投资的供给为I_4，投资的需求为I_1。由于$I_4 > I_1$，资本市场存在剩余资本。在这种情况下，人们会争相提供贷款，从而导致利率不断下降。利率的下降又增加人们借钱的愿望，从而最终导致投资的需求和供给相当，利率也达到均衡水平r_0。因此，在投资供给和需求的变化下，利率不断进行调整。如果这种调整是及时的，说明利率是具有弹性的，反之则是黏性的。

反过来，利率的变化也会影响到投资供给和需求的变化。对于投资需求来说，当利率从r_1下降到r_2时，根据投资需求曲线的走势，投资需求应该从I_1增加到I_2。如果这种调整是及时的，则表明投资需求具有弹性，反之则是黏性的。对于投资供给来说，当利率从 r_1 下降到 r_2 时，如果投资供给从 I_4 减少到 I_3，则表明投资供给是弹性的；如果这种调整比较缓慢，则说明投资供给是黏性的。

2.1.3 投资黏性形成的理论基础

2.1.3.1 黏性信息

在投资过程中，投资者首先必须对于投资产品的市场供求关系进行准确的把握。当该产品的市场需求量增加时，及时地加大投资力度；当该产品的市场需求量下降时，及时地降低投资额度。因此，对产品市场信息进行准确的分析和判断，是投资者做出正确投资决策的前提。然而，市场信息的获取和加工，一是要感觉材料，它由大量杂乱的听觉、视觉材料所组成；二是要在完全信息条件下，信息可以及时地传导给投资者，从而使得投资变化与产品的市场需求的变化是同步的，即投资的变动是富有弹性的。但实际情况往往并非如此，在投资者的行为决策机制中，当产品的需求信息发生变化时，黏性信息的存在会导致信息无法及时被投资者所获取，从而形成投资黏性。

与完全信息理论①的不同之处在于，黏性信息理论认为与经济变量有关信息的获取是需要成本的，从而导致其在经济主体之间的传播是缓慢的。以西姆斯（Sims，2003）为代表的理性不注意理论认为人们的决策只是依赖自身条件获得的信息，对于信息的处理能力是有限的。实际上，信息成本对于信息的传播会形成一道障碍，尤其是一些昂贵的信息、很难及时地传播给每个人、每家企业。此时，投资者的行为特征与无成本信息下的状况会出现较大差距。信息成本主要包括获取信息的成本、吸收信息的成本和处理信息的成本（Mankiw & Reis，2010）。为了做出最优的决策，投资者会根据成本最小化的原则来确定信息获取率或信息到达率。在最优化结果下，投资者对于信息的收集、处理并非及时的。所以，投资者做出的最优决策可能是基于上一期信息得出的，并非即期信息。为了取得利益最大化，投资者必须根据信

---

① 完全信息理论认为公众可以无成本地获得影响其未来收益、风险及经济活动的所有信息，并且基于这些信息对未来的估计是无偏的。

息逐渐的调整投资的规模和结构，从而导致了投资黏性的产生。

2.1.3.2 锚定效应

锚定效应通常指在投资决策中，人们往往习惯于依据某一个初步资料来预测评估事件，即选定一个起始点或者参考点，然后考虑下一步所需的信息，通过将获得的所有信息进行综合分析来调整最初的决策。从行为决策的角度来看，人们对于最初获得的信息会自然而然地形成一个定位，即"锚"。而"锚"的存在会通过影响人们的心理变化，对于之后的投资决策会形成一定的影响和制约。

锚定效应最初由心理学家阿莫斯·特维斯基（Amos Tversky）和丹尼尔·卡尼曼（Daniel Kahneman）在1974年研究"幸运轮"实验时提出。卡尼曼也因此项成果获得2002年诺贝尔经济学奖。大量的研究表明，在实际决策中，存在着先锚定后调整的习惯。尽管理性的投资者可以根据自身的行业经验、市场信息对估计做出一定的调整。但这种调整可能并不充分，甚至是无效的。有时候首先获得的信息并无实际价值，但总会对于之后的决策产生不可估量的作用。投资者在进行投资决策时，锚定效应会在每一步骤都起到不可低估的作用。首先，为了找到一个与"锚"相关的信息，人脑会自动从自身的行业经验的记忆中或者是外界可获取的信息中进行广泛的联想与检索，希望可以找到解决问题的类似参考答案。其次，将这些信息进行整合，对项目投资进行可行性分析。在这一阶段，锚定效应会直接影响到信息的获取过程，与"锚"相近的信息会更容易被投资者选中。最后，投资者利用所获取信息分析出来的结果，来决定是否对投资的规模和结构进行调整。在锚定效应下得出的结果往往是与"锚"相类似的答案。因此，投资者的决策总会不可避免地受到被他们视为初始值的那个变量的影响。即使他们自己也意识到这个初始值的准确性并不是太高，并且会不断地进行调整与改善。但是当投资者按照自己的想法为投资额的预测值给出一定的置信区间，那么这个区间通常会显得过于狭窄。可见，"锚"作为一种发生在潜意识中的心理状态，只要得到人们的注意，那么无论其数据是否夸张、前例是否有实际参考效用，又或是对决策者是否有提醒或奖励，该锚定效应都会起到作用。当然，参照物与估测答案的相关性（相似性）越大，则锚定效应越显著。锚定效应的存在扭曲了投资者行为，制约了投资者对于投资环境的准确判断，最终导致投资黏性的产生。

2.1.3.3 沉没成本谬误

沉没成本一般指由过去决策产生，当期或者后期无法改变的成本。一般说来，资产的兼容性、通用性、流动性越强，其形成的沉没部分越少。而购置的固定资产、专用性资产以及支出的研究开发费用等则是形成沉没的主要组成部分。相关研究表明，沉没成本广泛存在于出口、消费、投资之中（赵伟，2011；武瑞娟，2012）。传统经济学理论认为，沉没成本已经作为历史成本的形式固定下来，不会随着未来决策的改变而改变，不会也不应该影响到当前的投资行为或未来的投资决策。这就意味着，在投资决策时必须排除沉没成本的干扰，当预期收入低于投资成本时，投资者便会果断放弃投资。但实际情况并非如此，企业在做出投资决策时，往往会把先前投入的资金、时间和其他资源考虑在内（Arkes，1985），之前的资金投入会激励投资者继续强化执行当前或未来的决策，从而出现非理性的投资决策行为，这便是新古典经济学家所说的沉没成本谬误。

沉没成本作为经济界最棘手的难题之一，处理不好很容易进入两种误区：一是害怕走向没有效益产出的"沉淀成本"而不敢投入。具有这样错误认识的投资者，当产品的市场收益上升时，不敢及时追加投资，导致其投资调整缓慢，表现出"黏性"特征。二是对"沉没成本"过分眷恋[①]，继续原来的投资错误，无法顺利退出，造成更大的亏损，即沉淀成本越大，负投资（退出）的激励越小。这是因为，企业退出市场意味着之前的人力、资金等投入便全部无法收回，并且重新进入该行业又要面对新的沉没成本。著名的"协和事件"便是这种误区最好的反面教材。自1962年开始，协和飞机公司就开始开发超音速飞机项目，并为此投入了大量的人力和物力。与此同时，美国也在研究波音系列飞机。而中东石油危机以后，该类型的飞机已无法满足市场的要求。由于受到沉没成本的影响，协和公司在超音速飞机项目上的投资便表现出具有较大的黏性特征。为了避免前期投入的巨额损失，协和公司继

[①] 一方面，退出意味着已投入的资金，作为沉没成本无法收回；另一方面，重新进入时必须重新投入资金，形成沉没成本。

续追加投资，投资的变动未与市场需求保持一致，甚至是背道而驰。最后，该公司所生产的超音速飞机市场需求量较少，几乎无人问津，从而给企业带来了更为巨大的经济损失。

以上两种误区均会导致投资者无法根据市场环境的变化做出正确的投资决策，企业的投资规模和最优投资规模之间总会存在一定的偏差。由于受到沉没成本谬误的影响，投资者对于投资规模的调整比较缓慢，投资黏性的产生也就不可避免。

2.1.3.4 政府控制

投资弹性是通过投资主体在完全竞争、完全信息的市场条件下的最优化投资行为得以实现的，如果政府在市场投资决策中通过非市场手段控制市场投资行为，则会产生投资黏性。

政府控制理论最早起源于重商主义。凯恩斯在 1936 年《通论》中重新提出政府干预理论，用来解决美国的经济大萧条。科斯则认为直接的政府管制未必会带来比市场和企业更好的解决问题的结果。根据公共选择理论，同其他经济主体一样，政府部门及其官员在进行投资决策时，其主要目标是追求自身利益最大化，而公共利益最大化则屈居次位。为了达到目的，政府会通过执照、授权书、许可证、特许经营证、配额等手段，干预市场经济的投资行为。在这种情况下，各投资主体之间不再是公平竞争的关系，人为地设置了市场进入门槛。在政府干预下的这些行业便会出现非完全竞争，甚至垄断市场。处于这些行业中的企业由于不用过多考虑其他竞争者的影响，投资决策水平会大大降低，投资黏性自然也会不可避免的产生。

2.2 投资黏性影响经济增长质量的路径分析和现实考察

正常的投资规划是投资者在综合考虑企业的发展阶段、管理能力、外部环境等因素以后做出的正确决策。此时的投资是企业价值最大化原则下的最优临界水平。但在投资存在黏性这一前提下，企业投资决策函数的约束条件已经发生改变，投资中的收益与风险均衡点已经发生了实质性的偏离。由于黏性水平下的投资并非真实投资的需求体现，不仅改变了企业的资本结构和资产结构，更加大了企业的经营风险。财务学原理和投资学理论表明，投资的规模只有与企业特定发展阶段相适应才有助于提升企业价值，即投资的变动也应该与企业的发展阶段相一致，任何形式的投资过度或投资不足均是资源配置效率低下的表现。而投资黏性加剧了实际投资与真实需求投资不一致的持续时间，导致资源配置效率长期处于较低水平，降低了经济增长质量。下面，本书将基于中国经济发展的具体背景，详细阐述投资黏性对于经济增长质量的负面影响。

2.2.1 投资黏性对经济增长结构的影响

投资、消费和出口是推动经济增长的"三驾马车"。只有保持经济增长结构均衡，才能实现经济的稳定增长，经济增长质量才能得到有效提升。新中国建立初期，如何让国家迅速壮大起来是摆在中国政府面前的首要任务。而发展重工业则是发展经济的一条"捷径"。此外，经济增长理论和发展中国家的发展经验均表明资本积累是经济增长中的基础。实施大规模投资计划是当时一种最优的选择。在此背景下，劳动力价格、资本价格等生产要素受到不同程度的扭曲。随着改革开放的进行，经济战略虽然略有调整，但在经济分权与政治竞争的双重影响下，地方政府对增长绩效的过度追求导致投资饥渴症产生，加大招商引资力度，将自身异化成市场经济活动的参与者，面对"负盈不负亏"的买卖，只要有投资机会，地方政府和企业就会毫不犹豫地投入使用（周黎安，2007）。所以"投资先行"的格局并未改变。投资的"一家独大"局面严重制约了消费总量的提升，经济增长结构失衡现象严重。而投资黏性的存在则会在一定程度上减慢了真实投资规模向最优投资规模调整的速度，即投资黏性越大，投资过度现象越突出，经济增长结构失衡现象越严重，经济增长质量越低。此时投资的供给只是加剧产能过剩，无法创造新的消费需求，更无法创造消费的"结构效应"。由于过度的投资只是虚耗，产出效率较低，经济增长质量不高就成为一种必然的事实。为了进一步佐证本书的结论，接下来，通过三个方面考察中国过度投资的现实状况，并证明投资黏性会导致经济增长质量下降。

2.2.1.1 中国增长结构与世界其他类型国家的比较

经济增长结构是否合理需要考察投资率和效率的实际情况。本书将中国不同时期的消费率和投资率与世界其他不同类型国家进行了比较,并在表2.1中给出。从中可以看出,1978~2012年无论是与全球平均水平相比,还是与不同收入的国家比较,中国的投资率明显偏高,消费率明显偏低。中国在1978~2012年平均消费率为0.59,低于全球平均消费率0.77,也低于低收入国家平均消费率0.90、中等收入国家平均消费率0.73和高收入国家平均消费率0.78。但中国在1978~2012年的平均投资率为0.39,不仅高于全球平均投资率0.23,而且高于低收入国家平均投资率0.21、中等收入国家平均投资率0.27和高收入国家平均投资率0.22。

表2.1 典型年份各收入水平国家消费率和投资率

	类别	1978年	1992年	2002年	2008年	2010年	2012年	均值
消费率	全球	0.76	0.77	0.79	0.75	0.76	0.76	0.77
	低收入国家	0.87	0.91	0.90	0.93	0.91	0.92	0.90
	中等收入国家	0.76	0.74	0.73	0.66	0.65	0.66	0.73
	高收入国家	0.76	0.78	0.80	0.79	0.81	0.81	0.78
	中国	0.62	0.62	0.60	0.49	0.48	0.49	0.59
投资率	全球	0.25	0.22	0.21	0.24	0.23	0.24	0.23
	低收入国家	0.17	0.18	0.21	0.24	0.27	0.28	0.21
	中等收入国家	0.27	0.26	0.25	0.31	0.33	0.35	0.27
	高收入国家	0.24	0.22	0.20	0.21	0.19	0.20	0.22
	中国	0.38	0.37	0.38	0.44	0.48	0.48	0.39

资料来源:Wind数据库。

2.2.1.2 中国资本生产率增长率的考察

在消费与投资的比例失调时,进一步地分析就需要了解这种比例是否导致了投资的效率降低。而衡量投资效率的方法一般有两种，即投资效果系数和资本生产率增长率。其中，资本生产率增长率由于可以直接判断投资消费是否协调而被广泛采用（贺铿，2006）。

本书将资本生产率的定义为：$P = Q/K$，其中，Q 为产出，K 表示资本存量。该式变换得到 $Q = PK$，再进行全微分并写成差分形式得：

$$\Delta Q_t/Q_{t-1} = \Delta P_t/P_{t-1} + \Delta K_t/K_{t-1} \tag{2.1}$$

式（2.1）中的第一部分即为资本生产率增长率。当资本生产率增长率为正值时，投资与消费关系趋于协调，正值越大，两者协调程度越高；当资本生产率增长率为负值时，表明投资过度，消费不足，负值越大，两者协调程度越低。

图2.2报告了1978～2012年中国资本生产率增长率的测算结果。从中可以看出，历年资本生产率增长率的数值较小，平均值仅为 -0.01057，且为负值的年份多达22个，表明不仅投资效率低，而且投资与消费的协调性低。在这样的情况下，如果继续加大投资，只会导致低水平的重复建设和产能过剩问题更加严重，从而使得资源配置效率和经济规模效率处于较低水平。

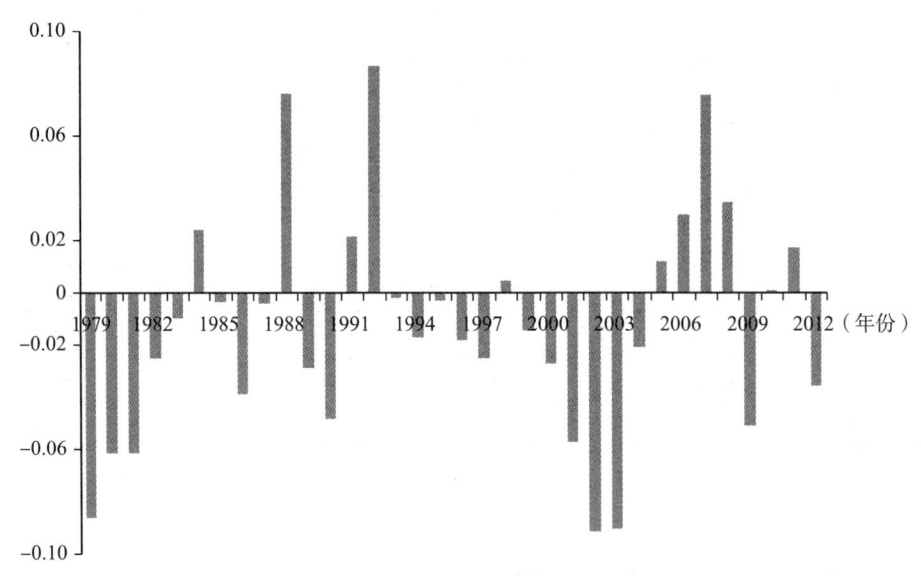

图2.2　1979～2012年中国资本生产率增长率

资料来源：根据相关年份《中国统计年鉴》计算而得。

2.2.1.3 投资黏性影响经济增长质量的数理模型：全要素生产率分析

以上从两方面对中国过度投资问题进行了实际考察。下面将基于全要素生产率的角度，构造一个数理模型详细描述投资黏性通过投资规模的变化影响经济增长质量的具体途径。

假设 C-D 生产函数形式如下：

$$Y_t = A_t K_t^\alpha L_t^\beta \tag{2.2}$$

其中，A_t 表示全要素生产率（TFP），K_t 表示资本存量，L_t 表示劳动力人数，α、β 分别表示资本和劳动力的弹性，均大于0。

将式（2.2）两边取对数，并整理可得：

$$\ln A_t = \ln Y_t - \alpha \ln K_t - \beta \ln L_t \tag{2.3}$$

资本存量采用永续盘存法表示如下：

$$K_t = \begin{cases} I_0/(g+\delta) & t=0 \\ (1-\delta)K_{t-1} + (1+c_t)I_t & t>0 \end{cases} \tag{2.4}$$

其中，δ 表示第 t 年的折旧率，假设其为定值，g 表示样本期间投资的年平均增长率，I_0 表示基期投资，c_t 表示投资黏性。式（2.4）可以写成如下形式：

$$\begin{aligned} K_t = & \frac{(1-\delta)^t I_0}{g+\delta} + (1-\delta)^{t-1}(1+c_{t-1})I_1 + (1-\delta)^{t-2}(1+c_{t-2})I_2 \\ & + \cdots + (1-\delta)(1-c_1)I_{t-1} + (1+c_t)I_t \end{aligned} \tag{2.5}$$

将式（2.5）带入式（2.3）并对 c_t 求偏导数可得：

$$\frac{\partial \ln A_t}{d c_t} = -\frac{\alpha I_t}{K_t} < 0 \tag{2.6}$$

因此，全要素生产率 A_t 是关于投资黏性 c_t 的减函数，即投资黏性与全要素生产率呈负相关。

2.2.2 投资黏性对于产业升级的影响

产业升级通常指产业结构的改善和产业素质与效率的提高。其中，产业结构的改善表现为产业的协调发展和结构的提升，即产业结构的高级化和合理化。当前，中国产业升级主要体现在以第二产业为主导向以第三产业为主导的结构变迁。产业结构形成和发展的基本前提是投资,社会资源在各产业部门之间的配置均是通过投资来实现的。作为经济结构的重要组成部分,产业投资结构反映了生产关系的变化,决定了产业结构的演进路径。可以说,产业结构是由投资结构塑造出来,并由投资结构决定的。而投资黏性的存在会导致资本在各产业间的分布偏离最优分布概率,导致产业升级速度减慢,甚至下降。为了更准确地理解投资黏性影响产业升级的具体过程,则有必要先交代一下中国产业结构形成的发展历程。

改革开放初期,基于劳动力资源丰富的优势,中国大力发展劳动密集型产业并以此来增加国民生产总值,同时利用这一比较优势积极参与国际分工,鼓励劳动密集型出口产业的发展,造就了中国"世界工厂"的地位。在发展过程中,基于"干中学"机制和扭曲的价格体系,企业迅速完成了资本积累,并承接了发达国家的产业转移以及参与全球分工。然而,正是由于这两个条件,企业对于形成的分工体系和产业选择产生一种路径依赖。随着加入世贸组织和改革进程的深入,面对巨大调整成本的存在,企业缺乏承担转型风险的能力,宁愿固守传统产业而不是去尝试转型,投资出现较强的投资黏性现象。于是,中国现在深陷"低端锁定"的泥潭无法自拔。在这种情况下,投资黏性的存在会通过以下两种方式影响产业升级,降低增长质量。

(1) 投资黏性导致企业间的不正当竞争和要素拥挤状况的出现,产能过剩问题突出。根据国家统计局公布的数据,2012 年底,中国钢铁、水泥、电解铝、平板玻璃、船舶产能利用率分别仅为 72%、73.7%、71.9%、73.1% 和 75%,均显著低于国际平均水平,钢铁、电解铝、船舶等行业利润大幅度下滑。更为严重的是,这些产能严重过剩的行业仍有一批在建、拟建项目,产能过剩呈加剧之势。如不及时采取措施加以化解,势必会加剧市场恶性竞争,能源资源瓶颈加剧、生态环境恶化等问题,直接危及产业健康发展,最终影响到经济增长质量的提升。

(2) 由于资源是非常有限的,不同的产业在全要素生产率上存在差异,当生产率较低的产业占据了过多的资源,那么生产率较高的产业因得不到资源而无法发展。此时,一方面,产业升级、技术进步速度减慢,整个经济运行的产出效率就不会太高,经济增长质量无法得到提高;另一方面,资本长期处于原有的传统产业而不向高新技术产业转移,便会出现传统产业产能过剩现象，产出效率便会出现下降趋势，降低了经济增长质量。

为了说明投资黏性如何通过影响产业升级，进而降低增长质量的作用机制，本书接下来将通过一个简单的数理模型来进行说明。

假设部门1为低生产率部门，部门2为高生产率部门。所以，部门1的资本产出弹性值要高于部门2，而全要素生产率水平则正好相反。资本可以在两部门间自由流动，假设资本存量为1，则 $K_{1t} + K_{2t} = 1$。两个部门的生产函数具体形式如下：

$$y_{1t} = A_{1t} K_{1t}^{\alpha_1} \qquad (2.7)$$

$$y_{2t} = \varphi(INS_t) A_{2t} K_{2t}^{\alpha_2} \qquad (2.8)$$

其中，$A_{1t} < A_{2t}$，$\alpha_1 > \alpha_2$，INS_t 表示投资黏性。以上定性分析表明，投资黏性会阻碍资本由低生产率部门流向高生产率部门。因此，$\varphi(INS_t)$ 为关于 INS_t 的减函数，且 $INS_t > 0$。式（2.8）表明随着投资黏性的增强，部门2的产出值越小。两个部门的利润函数分别为：

$$\pi_{1t} = p_{1t} y_{1t} - p_{1kt} K_{1t}^{\alpha_1} \qquad (2.9)$$

$$\pi_{2t} = p_{2t} y_{2t} - p_{2kt} K_{2t}^{\alpha_2} \qquad (2.10)$$

根据利润最大化的一阶条件可以得出：

$$p_{1t} = p_{1t} A_{1t} \alpha_1 K_{1t}^{\alpha_1 - 1} \qquad (2.11)$$

$$p_{2t} = p_{2t} \varphi(INS_t) A_{2t} \alpha_2 K_{2t}^{\alpha_2 - 1} \qquad (2.12)$$

资本自由流动假设下，$p_{1t} = p_{2t}$，$p_{1kt} = p_{2kt}$。于是可得：

$$\frac{A_{1t} \alpha_1}{\varphi(INS_t) A_{2t} \alpha_2} = \frac{K_{2t}^{\alpha_2 - 1}}{K_{1t}^{\alpha_1 - 1}} \qquad (2.13)$$

下面考察等式（2.7）右边的情况。设：

$$z_t = \frac{K_{2t}^{\alpha_2 - 1}}{K_{1t}^{\alpha_1 - 1}} = \frac{(1 - K_{1t})^{\alpha_2 - 1}}{K_{1t}^{\alpha_1 - 1}} = \frac{K_{1t}^{1 - \alpha_1}}{(1 - K_{1t})^{1 - \alpha_2}} \qquad (2.14)$$

由于

$$\frac{\partial z_t}{\mathrm{d} K_{1t}} = \frac{(1 - \alpha_1) K_{1t}^{-\alpha_1} (1 - K_{1t})^{1 - \alpha_2} + K_{1t}^{1 - \alpha_1} (1 - \alpha_2)(1 - K_{1t})^{-\alpha_2}}{(1 - K_{1t})^{2 - 2\alpha_2}}$$

$$= \frac{K_{1t}^{-\alpha_1} (1 - K_{1t})^{1 - \alpha_2} \left[(1 - \alpha_1) + K_{1t} (1 - \alpha_2)(1 - K_{1t})^{-1} \right]}{(1 - K_{1t})^{2 - 2\alpha_2}} > 0$$

$$(2.15)$$

所以，z_t为关于K_{1t}的增函数。如果仅考虑A_{1t}和A_{2t}的变化，则随着时间推移，A_{2t}上升速度要快于A_{1t}，即A_{1t}/A_{2t}逐渐小，从而K_{1t}变小，意味着资本从低生产率部门流入高生产率部门，实现产业升级，全要素生产率上升。

在其他条件不变的情况下，随着INS_t变大，此时$\varphi(INS_t)$下降，从而使得等式左边数值变大，导致K_{1t}变大。因此，大量的资本会从高生产率部门流入低生产率部门，导致整个经济系统的全要素生产率水平下降。

由以上分析可得，投资黏性通过阻碍产业升级，不利于全要素生产率提高。

综合前面两方面的分析，得到本书的核心假设：

假设 H0：投资黏性会降低全要素生产率，即投资黏性与全要素生产率呈负相关。

2.3 本章小结

本章可以分为两大部分：第一，投资黏性概念的界定。主要对投资黏性产生的历史背景、定义和理论基础进行详细说明；第二，从经济增长结构和产业升级两个角度详细阐述了投资黏性阻碍经济增长质量提升的内在机制。此外，还基于全要素生产率视角，分别构造了投资黏性影响全要素生产率变化的数理模型，从而得出了投资黏性与全要素生产率呈负相关的理论假设。

第 3 章
投资黏性与经济增长质量的估算

本章主要研究两个问题：一是构建投资黏性的测算公式，并利用该公式实际考察中国投资黏性的变化特征；二是采用全要素生产率作为经济增长质量的代理变量，并采用 DEA – Malmquist 指数方法对其进行估算，然后实际考察中国全要素生产率的变化情况。

3.1 投资黏性的测算

3.1.1 关于黏性测算方法的研究进展

当前关于黏性测算方法的研究较多，并且取得的成果颇丰。为便于统计说明，本书将所搜集的文献按照如下方法进行归类。

（1）统计描述法。该方法主要利用可观测经济变量来间接测算黏性大小。例如，麦克劳克林（McLaughlin，1994）运用美国 PSID 数据库，通过观察连续两年报告工资户主的工资变动率来证明工资黏性的存在；卡德和希斯洛普（Card & Hyslop，1997）则采用 CPS 和 PSID 数据，利用美国实际工资变动分布的直方图形态证明工资黏性的存在；科莱诺和克里斯托弗（Klenow & Krystov，2008）、渠慎宁等（2012）利用价格调整的频率来测算价格黏性；史密斯（Smith，2000）采用名义工资不变的人数占总人数的比例来表示工资黏性；徐建炜（2012）利用工资调整频率考察工资黏性大小；托马斯（Thomas，2008）采用工资调整频率测算了工资黏性。

（2）模型回归法。例如，布兰卡德（Blanchard，1987）利用总量数据对带有滞后项的价格数据回归估算价格黏性；卡恩（Kahn，1997）将菜单成本与工资向下黏性以虚拟变量纳入方程测算美国名义工资黏性；刘培林（2002）基于资本调整模型原理，假定真实工资向意愿工资调整的过程中存在工资黏性且为定值，并实际测算了中国各行业的工资黏性；戴国强（2006）通过贷款利率与货币市场利率进行回归，测算贷款利率的大小；斯诺通（Snordone，2002）利用新凯恩斯菲利普斯曲线、产出波动以及边际产出波动等技术，通过拟合总量数据，反推出价格黏性系数；卡罗尔（Carrol，2011）将消费相当于滞后5期的增长率进行一阶自回归，从而估算消费黏性的大小；孔玉生（2007）采用营业成本增长率与营业收入增长率、营业收入上涨倾向的虚拟变量做回归，测算成本黏性的大小；斯科尔（Scoll，2011）采用不同类型的利率与其滞后期进行回归，测算存款利率黏性大小。

综合以上分析，本书发现：首先，统计描述法虽然可以直接测算出历年的黏性系数，但所选用的指标大多仅反映黏性的某一方面，对于黏性的测算不够准确。其次，模型回归方法虽然可以准确测算黏性的大小，但由于回归出来的结果大多是一个数值，只能解决黏性的存在性问题，无法考察黏性的动态变化特征，更无法考察其他经济变量对黏性的影响程度。因此，急需构建一种新算法，既可以准确测算黏性的大小，又可以对黏性的变化做进一步分析。

3.1.2　测算方法

黏性原本属于流体物理学概念，反映了流体在常层流内的内摩擦力的变化特征。牛顿则将流体受到的内摩擦力与变形速率等因素结合在一起，创造了计算流体内摩擦力的计算公式，这便是著名的内摩擦性定律。而经济学则是借用了物理学概念，描述"价格黏性""工资黏性"等经济现象。

因而，牛顿内摩擦定律对于本书提出的"投资黏性"的实际测算具有较高的参考价值。接下来，本书将首先对牛顿内摩擦定律进行简要介绍，然后据此提出测算投资黏性的具体公式。

考虑图 3.1 下的流体流动情况。当紧贴于运动平板下方的一薄层流体也以同一速度运动。当 v 不太大时，板间流体将形成稳定层流。靠近运动平板的液体比远离平板的液体具有较高的速度，且离平板越远的薄层，速度越低，至固定平板处，速度降为零。速度按某种曲线规律连续变化。这种速度沿距离 y 的变化称为速度分布。设某一流层速度为 u，与其相邻流层速度为 $u+du$，du 为其流速变化值，设流层间沿 y 轴距离差为 dy，若两板间的距离很小，则两板间的流速变化无限接近线性，即可化为流速梯度 du/dy。按牛顿黏性定律计算公式表示为：

$$F = \mu A \frac{du}{dy} \qquad (3.1)$$

其中，F 为两个流层的内摩擦力，A 为流体接触面积，μ 为黏性系数。

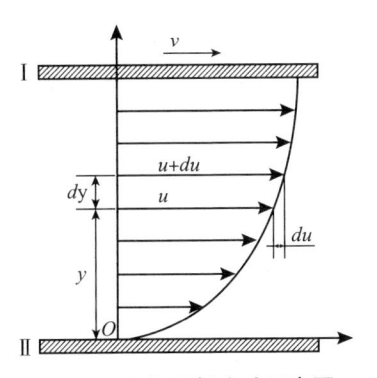

图 3.1 平行平板实验示意图

将式（3.1）变换形式可以得到黏性系数的表达式：

$$\mu = \frac{F}{A} \times \frac{dy}{du} \qquad (3.2)$$

在采用该式测算投资黏性时，本书将其进行了修改。修改后的投资黏性度量公式可以表示成下列形式：

$$INS = \frac{Idy}{Ydu} \qquad (3.3)$$

$$y = \frac{LD}{LD+SD+E}K_{DL}(1-\tau) + \frac{SD}{LD+SD+E}K_{DS}(1-\tau) + \frac{E}{B_L+B_S+E}K_e \qquad (3.4)$$

$$K_e = R_f + \beta \times (R_m - R_f) \qquad (3.5)$$

其中，INS表示投资黏性系数，用以度量投资黏性的大小；I 表示当年实际投资额，用以度量当年的投资力度或投资规模大小；Y 表示国内生产总值，用以度量相对经济规模的大小；u 表示当期投资与上期投资的实际同比，用以度量投资的变化速度；y 表示资本成本，用以度量利率变化对投资规模形成的影响；d 表示当期值与上期值同比。式（3.4）为资本成本计算公式（姜付秀，2006），其中，LD 为长期负债，SD 为短期负债，E 为权益资本，K_{DL} 为长期债务成本，K_{DS} 为短期债务成本，K_e 为权益资本成本，τ 为公司所得税率。式（3.5）为权益资本成本计算公式，其中，R_f 为无风险收益率；β 为调整 β（含杠杆）系数；R_m 为市场收益率。

3.1.3 数据来源

本书采用 2002~2012 年省级面板数据作为样本。其中，各省份地区生产总值、全社会固定资产投资额、固定资产投资价格指数均来源于历年《中国统计年鉴》。

资本成本采用各省份所有上市公司的资本成本均值来衡量。其中，短期债务成本按照当年银行一年期贷款利率计算，长期债务成本按照当年银行的 3~5 年中长期贷款利率计算，如遇贷款利率调整，则以天数为权重加权计算当年的贷款利率；市场收益率采用上证和深证 2002~2012 年年平均收益率；无风险收益率采用一年定存利率来衡量；上市公司权益资本成本、短期债务成本、长期债务成本、公司所得税率、β 系数以及之前变量的原始数据均来自 Wind 数据库。

3.1.4 中国投资黏性的测算结果

本书采用式（3.3）~式（3.5）实际测算了中国 29 个省份[①]的投资黏性系数。下面将从全国、地区与省份三个层面进行详细说明。

[①] 为保持投资黏性与全要素生产率的样本个数一致，本书的样本不包括西藏和港澳台地区，另外，将重庆合并到四川中。

3.1.4.1 全国投资黏性总指数变化的总趋势

本书将 29 个省份投资黏性取年度平均值便得到了全国投资黏性总指数，如图 3.2 所示。从中可以清晰地看出投资黏性由 2002 年的 0.3613 上升至 2012 年的 0.6853，增长了 1 倍多，投资黏性系数平均值为 0.301，投资黏性总指数呈现"锯齿形"变化特征。从拟合的趋势线来看，拟合直线的斜率为 0.0468，R^2 达到了 0.5221，表明随着时间的推移，投资黏性越来越大。因此，投资黏性总指数具有波浪式上升趋势。

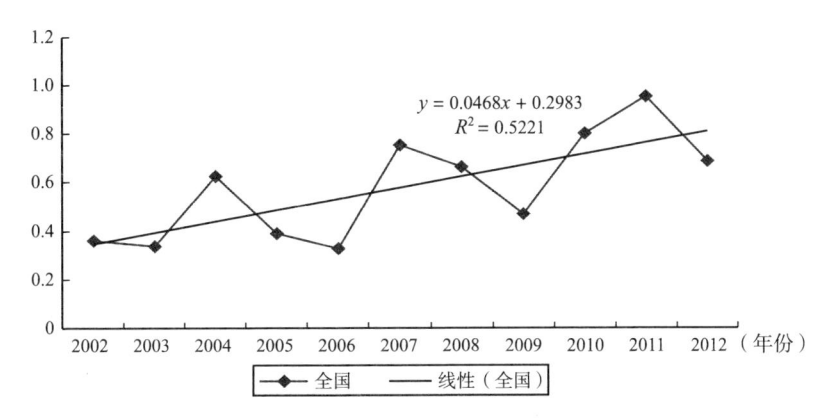

图 3.2 全国投资黏性总指数变化特征

资料来源：根据牛顿内摩擦定律计算而得。

3.1.4.2 各地区投资黏性变化特征与比较

由于改革开放初期，中国实施非均衡发展战略，对东部沿海地区给予了大量的财力支持和政策优惠，导致其发展迅速并且遥遥领先于内陆地区。后来，虽然随着西部大开发、中部崛起、振兴东北老工业基地等均衡发展战略的出台，内陆地区发展步伐明显加快，但仍与东部沿海地区具有一定的差距，这从本书第 11 章的描述中可以看出。众多学者的研究表明，这两大地区在各经济指标上具有较大差距，即空间异质性显著（楚尔鸣和马永军，2014）。因此，有必要分地区研究经济发展中的问题，从而得出更为具体且符合各地区实际情况的政策建议。所以，本书将东部沿海地区定义为发达地区，将内陆地区定义为欠发达地区，分析这两大地区在投资黏性上的差异。其中，发达地区包括北京、天津、河北、辽宁、上海、江苏、福建、浙江、山东、广东、广西与海南共12个省份；欠发达地区包括山西、内蒙古、吉林、黑龙江、安徽、江西、河南、湖北、湖南、四川、贵州、云南、陕西、甘肃、青海、宁夏与新疆共17个省份。各省份历年投资黏性指数通过该地区所包括省份投资黏性取平均值所得。图3.3给出了这两大地区在样本区间内投资黏性的变化情况。从纵向来看，2002~2012年发达地区与欠发达地区投资黏性均有显著上升，其中，发达地区由2002年的0.3303波动上升至2012年的0.5759；欠发达地区由2002年的0.3822波动上升至2012年的0.7685。总体来说，这两大地区投资黏性的变化与全国的情况大体一致。从横向比较来看，历年欠发达地区的投资黏性指数均高于发达地区，并且两者之间的差距具有进一步扩大的趋势。

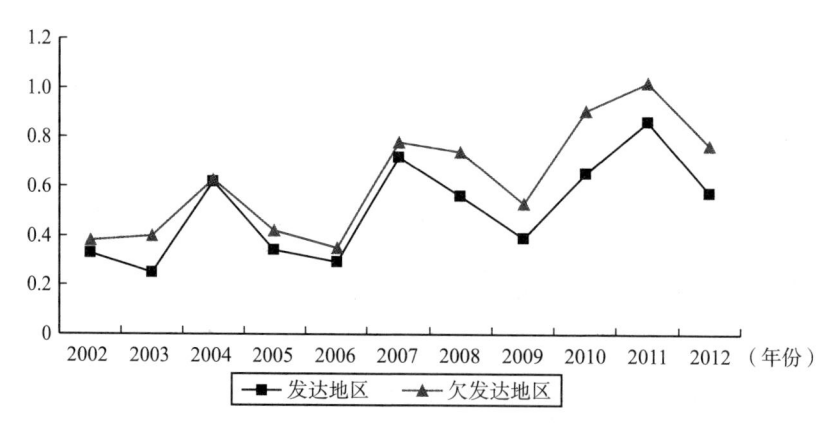

图3.3　全国与各区域投资黏性动态变化

资料来源：根据牛顿内摩擦定律计算而得。

3.1.4.3　各省份投资黏性的横向比较

为便于比较各省份投资黏性指数的差异，本书将各省份历年投资黏性指数取均值并按从大到小的方式进行排名，于是便得到表3.1。从表3.1中可以看出，宁夏的投资黏性最大，达到了0.76563；上海的投资黏性最小，仅为0.35699。投资黏性指数排在前十名的省份仅辽宁处于发达地区，其他9

个均来自欠发达地区；排在 11~20 名的省份则两个地区各占一半；排在最后 9 名的省份中，除湖北、湖南与黑龙江以外，其他 6 各省份均来自东部的发达地区。

表 3.1　　　　　　　　　　各省份投资黏性比较

排名	省份	投资黏性	排名	省份	投资黏性
1	宁夏	0.76563	16	河南	0.57034
2	青海	0.74543	17	广西	0.54713
3	辽宁	0.71881	18	山东	0.54172
4	安徽	0.70974	19	天津	0.53532
5	江西	0.70674	20	海南	0.53242
6	内蒙古	0.68646	21	湖北	0.52392
7	吉林	0.66782	22	江苏	0.51993
8	陕西	0.65044	23	浙江	0.50906
9	贵州	0.62920	24	湖南	0.50631
10	四川	0.62816	25	黑龙江	0.49748
11	新疆	0.61369	26	福建	0.47727
12	甘肃	0.60671	27	北京	0.41083
13	云南	0.60051	28	广东	0.37061
14	山西	0.58110	29	上海	0.35699
15	河北	0.57505			

资料来源：根据牛顿内摩擦定律计算而得。

3.1.5　中国投资黏性的收敛性分析

通过前面三个方面的分析可以看出投资黏性具有显著的区域差异，但对于投资黏性省际差距的发展趋势并不十分清楚。为了更好地解决这一问题，本书接下来将分别采用绝对 σ 收敛、绝对 β 收敛、条件 β 收敛三种方法进行收敛性分析。其中，前两种为绝对收敛性检验方法，第三种为条件收敛性检验方法。

3.1.5.1 绝对 σ 收敛性检验

绝对 σ 收敛是通过分析变量的标准误差或者变异系数的变化情况来进行收敛性的判断。若变异系数或标准误差随时间推移而减小，则意味着区域内该变量的差异越来越小，则存在绝对 σ 收敛。然而，在实际应用中，由于标准误差无法消除单位和平均数不同对于两组或者多组数据变异程度比较的影响，通常选用变异系数进行考察。因此，本书便选用变异系数来进行绝对 σ 收敛检验，如图3.4所示。

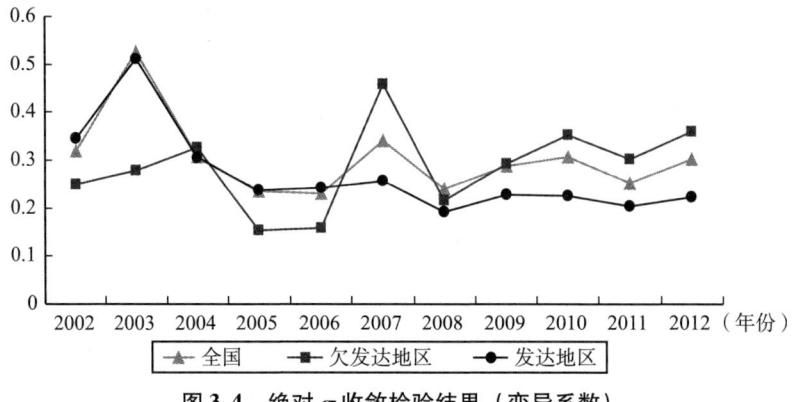

图 3.4 绝对 σ 收敛检验结果（变异系数）

从图3.4中可以看出，在2002~2012年，全国总样本投资黏性的变异系数先出现上升趋势，2003年达到最大值（0.5324），之后迅速下降，在2006年达到最小值（0.2213），在2007年出现短暂上升后，又呈现下降趋势，2008~2010年变异系数有一定的上升，2011年短暂下降至0.2457后，在2012年又回升至0.2983。由于2012年的变异系数值与2002年（0.3068）的相差不大。因此，全国投资黏性的 σ 收敛特征并不明显。欠发达地区 σ 值变动与全国情况大体一致，并且2012年变异系数值要显著高于2002年，表明欠发达地区的投资黏性具有明显的发散趋势。发达地区的变异系数数值虽然也具有一定的波动性，但整体呈现下降趋势，并且2012年的变异系数（0.2214）显著低于2002年（0.3423）。从横向比较来看，全国总样本变异系数年平均值为0.3043，要依次此高于欠发达地区（0.2862）与发达地区

(0.2699),表明发达地区内省份投资黏性的差异程度要低于欠发达地区与全国。因此,发达地区投资黏性具有显著的绝对 σ 收敛特征。

3.1.5.2 绝对 β 收敛性检验

绝对 β 收敛则是绝对收敛性检验的另外一种有效方法。根据萨拉尹马丁(Sala-i-Martin)的描述,绝对 β 收敛性检验方程形式一般设定如下:

$$[\ln(INS_{i,T}) - \ln(INS_{i,0})]/T = \alpha + \beta\ln(INS_{i,0}) + \varepsilon \quad (3.6)$$

其中,$[\ln(INS_{i,T}) - \ln(INS_{i,0})]/T$ 表示第 i 个省份从 $t=0$ 到 $t=T$ 期投资黏性的平均增长率,α 为常数项,$\ln(INS_{i,0})$ 为第 i 个省份 $t=0$ 期投资黏性的初始值,β 表示其回归系数。如果 β 值为负值且通过显著性检验,则表明存在绝对 β 收敛;如果 β 大于 0 且显著,则表明绝对发散。本书将全国、发达地区与欠发达地区样本分别带入式(3.6)进行面板回归,回归结果如表 3.2 所示。

表 3.2 绝对 β 收敛检验结果

检验项	全国	发达地区	欠发达地区
常数项	-0.5107* [0.0912]	-0.7279*** [0.2252]	-0.4599*** [0.0936]
β	-0.9002 [0.1807]	-0.9721** [0.0943]	0.9438* [0.0844]
R^2	0.3014	0.175	0.4268
F 统计量	124.2705***	25.0348***	125.0837***

注:*、** 和 *** 分别表示通过 10%、5% 和 1% 显著性检验,[ ] 内为参数的标准误差。

从表 3.2 可以看出,全国总样本中投资黏性的 β 值为 -0.9002,但未通过各种水平(1%、5% 与 10%)的显著性检验。因此,全国范围内投资黏性绝对 β 收敛的特征并不显著。欠发达地区检验结果中的 β 值为正值(0.9438),并且通过了 10% 水平的显著性检验,表明该地区投资黏性具有显著的发散趋势。发达地区的 β 值小于 0 且通过了 5% 水平的显著性检验。因此,发达地区存在绝对 β 收敛。结合之前绝对 σ 检验结果可以认定发达地区存在俱乐部收敛现象①。

3.1.5.3 条件 β 收敛性检验

条件 β 收敛是研究每个区域的投资黏性是否可以收敛于各自的稳定水平。但与绝对 β 收敛不同的是，条件 β 收敛承认了落后地区与发达地区的差距可能一直存在。本书选用米勒（Mille，2002）的方法，利用以下方程进行面板回归。

$$\ln(INS_{i,t}) - \ln(INS_{i,t-1}) = \alpha + \beta \ln(INS_{i,t-1}) + \varepsilon \tag{3.7}$$

对于式（3.7），本书将采用面板固定效应估计（FE）方法进行求解。原因在于：FE 方法既考虑到了个体的差异，又能设定时间固定效应和截面效应，还考虑了个体自身稳态值随时间的变化趋势，从而最大限度地避免遗漏重要解释变量和避开了对解释变量的选择问题。式（3.7）中，α 为面板数据的固定效应项，对应不同地区的各自稳定条件。β 为其回归系数。若 β 值为负，则表明存在条件 β 收敛，即第 i 个地区的 INS 收敛于自身的稳定条件。

从表 3.3 可以看出，各个区域区的估计系数 β 均为负值，并全部通过了 1% 水平的显著性检验。因此，全国、发达地区与欠发达地区的投资黏性均存在条件 β 收敛，并将在动态变化中收敛于各自的稳定水平。

表 3.3　　　　　　　　　　条件 β 收敛检验结果

检验项	全国	发达地区	欠发达地区
常数项	-0.475*** [0.0474]	-0.6513*** [0.0876]	-0.3612*** [0.0542]
β	-0.7906*** [0.0578]	-0.8662*** [0.0941]	-0.7356*** [0.0727]
R^2	0.423	0.4461	0.4066
F 统计量	6.5728***	7.1803***	6.1257***
Hausman 检验	30.7489***	13.0993***	7.4151***

注：*、** 和 *** 分别表示通过 10%、5% 和 1% 显著性检验，[ ] 内为参数的标准误差。

---

① 俱乐部收敛现象是指将一些具有相似特征的经济体划分到一个俱乐部（群体）中，经济体内部成员的经济变量变化趋于相似或相近的稳定状态，同时该稳态与其他经济体必须不同。

3.2 经济增长质量的测算

在第 2 章,本书从全要素生产率的角度,阐述了投资黏性影响经济增长质量变化的内在机制。因此,这里将具体测算全要素生产率的变动趋势、区域差异及其收敛性特征,从而实现对中国经济增长质量的考察。

3.2.1 测算方法

在第 1 章中文献综述部分,本书发现 DEA – Malmquist 指数法可以很好地被用于全要素生产率的测算,并且众多学者的研究成果也证明了该方法的实用性和准确性(江涛涛,2011)。因此,本书将选用该方法具体测算 2002~2012 年中国全要素生产率的变动情况。具体计算过程如下:

首先,将 29 个省份当作基本决策单位(DMU),$X_{p,L}^t$、$X_{p,K}^t$、Y_p^t 分别表示第 p 个省份($p=1,\cdots,29$)在第 t 期($t=2001,\cdots,2012$)的劳动力投入、资本投入和产出。潜在技术前沿定义为:

$$L^t(y^t \mid C, S) = \{(X_L^t, X_K^t); Y_P^t \leq \sum_{p=1}^{29} z_p^t Y_p^t; X_{L,p}^t \geq \sum_{p=1}^{29} z_p^t X_{L,p}^t; X_{K,p}^t \geq \sum_{p=1}^{29} z_p^t X_{K,p}^t; z_p^t \geq 0\} \tag{3.8}$$

其中,C 为不变规模报酬,S 为投入要素可处置,z_p^t 为 DMU 评价技术效率时的权重。此时,法雷尔(Farrell)技术效率计算公式为:

$$F_\tau^t(y^t, X^t \mid C, S) = \min \mu^p$$

$$\text{s.t.} \begin{cases} Y_P^t \leq \sum_{p=1}^{29} z_p^t Y_p^t; \\ \mu^p X_{L,p}^t \geq \sum_{p=1}^{29} z_p^t X_{L,p}^t \\ \mu^p X_{K,p}^t \geq \sum_{p=1}^{29} z_p^t X_{K,p}^t \\ z_p^t \geq 0, p = 1, \cdots, 29 \end{cases} \tag{3.9}$$

距离函数定义为：$D_0^t(Y^t, X) = 1/F_0^t(Y^t, X^t | C, S)$；$t$ 到 $t+1$ 期的 Malmquist 指数表示为：

$$M_0(X^{t+1}, Y^{t+1}, X^t, Y^t) = \left\{ \frac{D_0^t(X^{t+1}, Y^{t+1})}{D_0^t(X^t, Y^t)} \times \frac{D_0^{t+1}(X^{t+1}, Y^{t+1})}{D_{0\tau}^{t+1}(X^t, Y^t)} \right\}^{1/2} \tag{3.10}$$

如果 $M_0(\cdot)$ 大于 1，表明当期全要素生产率较上期有所提高，等于 1 则表示全要素生产率没有变化；小于 1 则表示下降。可见，用该方法测算出来的数值为全要素生产率的增长指数。将式（3.10）进行变形，可以分解成三个部分：纯技术效率变化指数（PECH）、规模效率变化指数（SECH）和技术进步变化指数（TECH）。分解的具体步骤如下：

$$\begin{aligned}
M_0(X^{t+1}, Y^{t+1}, X^t, Y^t) &= \left\{ \frac{D_0^t(X^{t+1}, Y^{t+1})}{D_0^t(X^t, Y^t)} \times \frac{D_0^{t+1}(X^{t+1}, Y^{t+1})}{D_0^{t+1}(X^t, Y^t)} \right\}^{1/2} \\
&= \frac{D_0^{t+1}(X^{t+1}, Y^{t+1})}{D_0^t(X^t, Y^t)} \times \left\{ \frac{D_0^t(X^{t+1}, Y^{t+1})}{D_0^{t+1}(X^{t+1}, Y^{t+1})} \right\}^{1/2} \\
&\quad \times \left\{ \frac{D_0^t(X^t, Y^t)}{D_0^{t+1}(X^t, Y^t)} \right\}^{1/2} \\
&= PECH \times SECH \times TECH
\end{aligned} \tag{3.11}$$

3.2.2 数据来源与处理

在计算过程中，产出变量采用折算到 1952 年价格水平的地区生产总值来表示；劳动力采用各省份历年从业人员总数表示；资本则采用各省份资本存量表示。资本存量的计算步骤如下：

首先将固定资本形成总额折算到 1952 年价格水平，然后按照永续盘存法对资本存量进行估算，基本计算公式如下：

$$K_{it} = (1 - \delta_t) K_{it-1} + I_{it} \tag{3.12}$$

其中，K_{it} 表示第 i 个省份在第 t 年的资本存量；I_{it} 为折算到 1952 价格水平的固定资本形成总额；δ_t 表示第 t 年的折旧率（参考龚六堂（2004）的做法，δ_t 统一取定值 10%）。计算过程中所需要的地区生产总值、从业人员总数、固定资本形成总额、固定资产价格指数等数据均来自历年《中国统计年鉴》，各省份基期资本存量来自张军（2004）的测算结果。本书只测算29个省份[①]的全要素生产率及其三个分解指标。通过将各省份资本存量进行加总便得到了中国资本存量总值，如表3.4所示。

表3.4　　　　中国资本存量估算结果（1952年价格水平）　　　单位：亿元

年份	资本存量	年份	资本存量
2001	58780.44	2007	144426.5
2002	66023.29	2008	169002.3
2003	76042.27	2009	203668.2
2004	88105.48	2010	244407.2
2005	103384.8	2011	284550.7
2006	122140.6	2012	332918.5

资料来源：根据相关年份《中国统计年鉴》，采用永存续盘存法计算而得。

表3.4显示，2001～2012年中国资本存量由2001年的58780.44亿元稳步上升至2012年的332918.5亿元，增长了近6倍。图3.5给出了分地区统计的资本存量结果。从中可以看出，发达地区与欠发达地区的资本存量均呈现稳步上升态势，但发达地区的资本存量一直高于欠发达地区。其中，发达地区的资本存量由2001年的37533.48亿元上升至2012年的186375.1亿元；欠发达地区则由2001年的21246.95亿元上升至2012年的146534.3亿元。两者之间的差距由16286.53亿元扩大到39840.8亿元，增长了近1.5倍。

接下来，为保证本书估算的资本存量结果是真实可信的，本书将资本存量的估算结果与其他学者的测算结果进行了比较，如图3.6所示。从中可以看出，本书的结果略微高于徐杰（2010）、叶宗裕（2010）、单豪杰（2008）、古明明（2012）、雷辉（2014）、刘新建（2014）的测算值，但与张军（2004）的测算结果比较接近，并且显著低于林民书（2008）的结果。

[①] 不包含我国港澳台地区，另外，没有重庆基期的资本存量、西藏数据缺失严重。

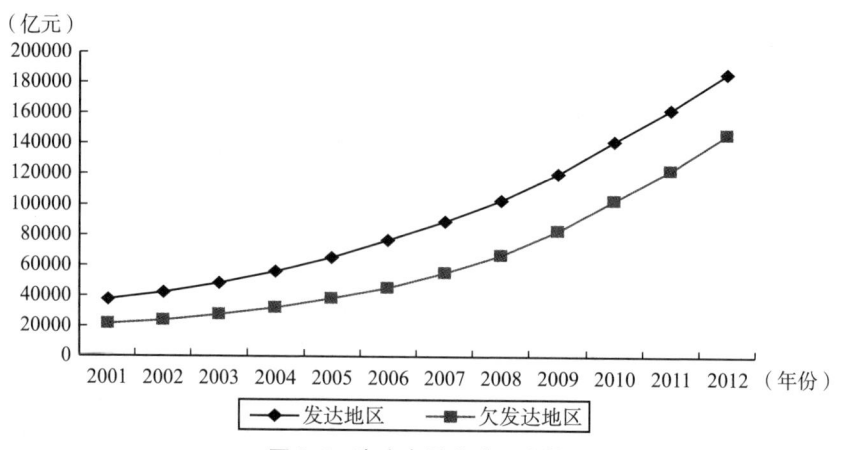

图 3.5 资本存量分地区比较

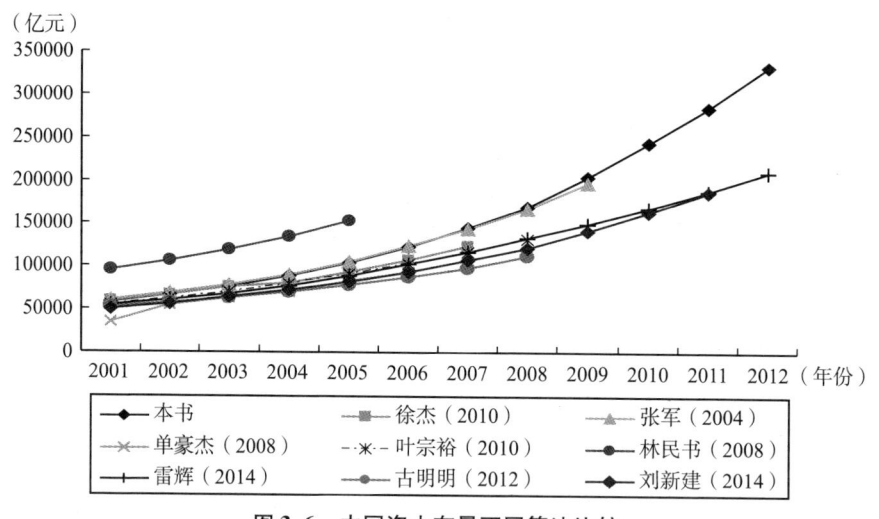

图 3.6 中国资本存量不同算法比较

之后，本书还将测算的资本产出比与其他学者的测算结果进行了对比，如图 3.7 所示。除徐杰（2010）测算的资本产比明显偏高以外（处于 [3，4] 之间），其他学者与本书的结果都位于 2 左右。因此，本书测算的资本存量是准确的。

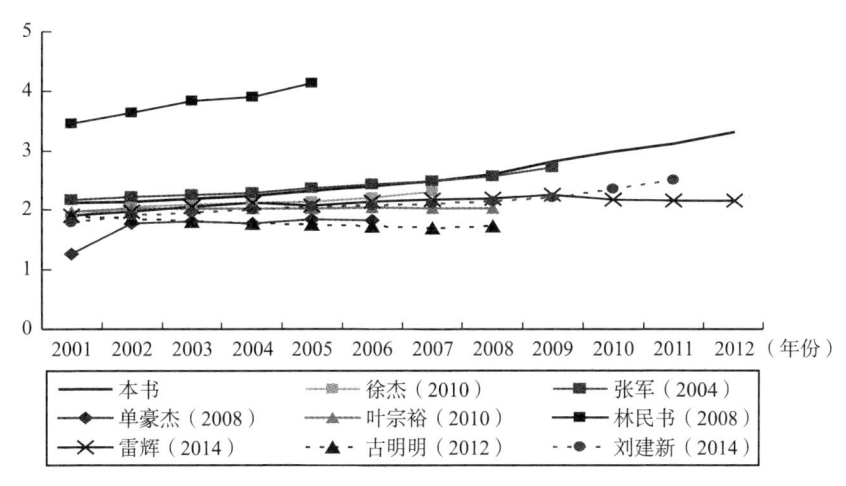

图 3.7 不同学者测算的资本产出比比较

3.2.3 全要素生产率的测算结果

为了便于详细考察中国全要素生产率（TFP）的变化特征，接下来将从全国、地区和省份三个层面依次进行说明。

3.2.3.1 中国全要素生产率增长指数的变动情况

本书将各省份全要素生产率增长指数及其对经济增长的贡献率分别取均值便得到了中国全要素生产率增长指数及其对经济增长贡献率（如图3.8所示）。其中，全要素生产率对于经济增长的贡献率计算过程为：首先将全要素生产率增长指数减去1，然后除以同年的经济增长率。从图3.8可以看出，2002~2012年全要素生产率增长指数变化比较剧烈，由最初的1.0048波动下降至2012年的0.9998，表明全要素生产率的边际效率在逐渐下降。样本区间全要素生产率增长指数年平均值仅有1.00251，意味着全要素生产率增长率仅有0.25%，远远低于发达国家的平均水平，尤其是2008年以后，全要素生产率增长指数几乎全部小于1（2010年为1.00059），表明全要素生产率已经出现明显的负增长。全要素生产率对经济增长贡献率的变化趋势与全要素生产率增长指数的情况基本一致。2002年贡献率为4.299%，2004年达到最大值4.703%，2006年又下降至0.907%，2007年短暂回升至4.368%，

2009年达到最低点-1.941%,之后贡献率均小于0,表明当前全要素生产率处于恶化阶段,经济增长质量不高。

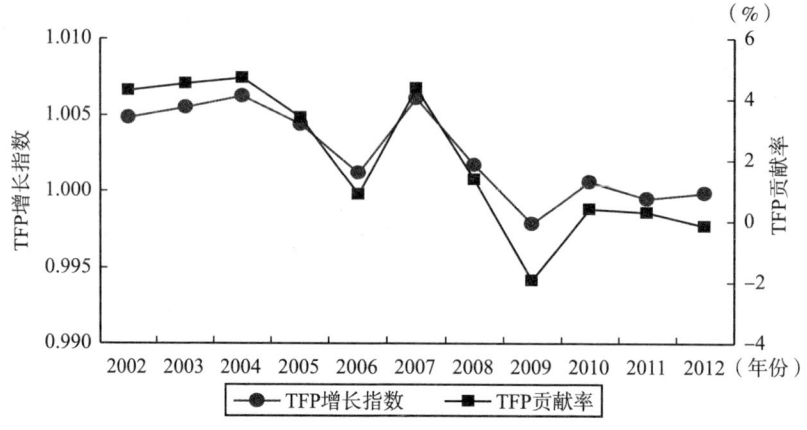

图3.8 2002~2012年中国全要素生产率增长指数及其贡献率

3.2.3.2 两大地区全要素生产率增长指数的变化情况

图3.9给出了全要素生产率增长指数按地区进行划分的统计结果。从中可以看出,无论是发达地区还是欠发达地区,全要素生产率增长指数均与全国的情况大体保持一致。其中,发达地区的全要素生产率增长指数由2002年的1.0053波动下降至2012年的1.00025;欠发达地区则由最初的1.0044,经过剧烈波动后下降至2012年的0.99953。从横向比较来看,发达地区的全要素生产率增长指数整体上要高于欠发达地区(仅2005年、2011年除外),在一定程度上表明发达地区增长质量要高于欠发达地区。

3.2.3.3 各省份全要素生产率增长指数的横向比较

为了横向比较各省份全要素生产率的差异,本书将2002~2012年各省份全要素生产率增长指数分别取平均值,如表3.5所示。从中可以看出,海南的全要素生产率增长指数最大,平均值达到了1.0097,紧随其后的为上海与广东,也分别达到了1.0095和1.0074;安徽、青海、贵州的全要素增长指数最小,分别为0.9911、0.9938、0.9950。

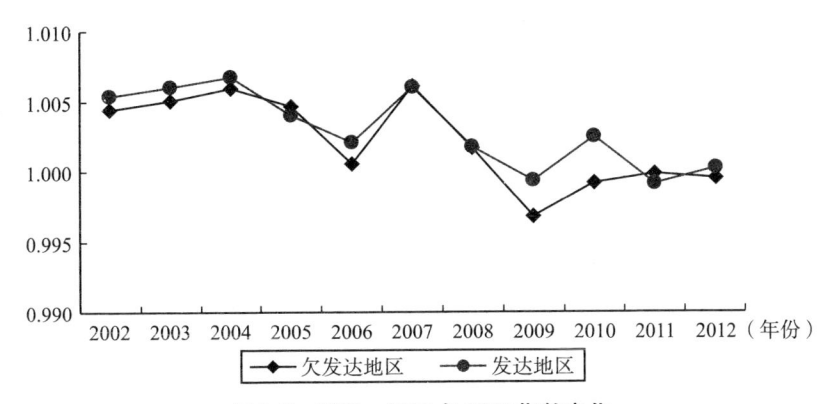

第3章 | 投资黏性与经济增长质量的估算

图 3.9　2002~2012 年 TFP 指数变化

表 3.5　各省份 TFP 增长指数年均值

省份	TFP 增长指数	省份	TFP 增长指数	省份	TFP 增长指数
北京	1.0054	浙江	1.0044	海南	1.0097
天津	1.0054	安徽	0.9911	四川	1.0050
河北	1.0035	福建	0.9999	贵州	0.9950
山西	1.0041	江西	0.9953	云南	1.0001
内蒙古	1.0066	山东	1.0035	陕西	1.0048
辽宁	0.9960	河南	1.0018	甘肃	1.0045
吉林	1.0040	湖北	1.0011	青海	0.9938
黑龙江	1.0051	湖南	0.9956	宁夏	1.0060
上海	1.0095	广东	1.0074	新疆	1.0046
江苏	1.0044	广西	1.0054		

资料来源：根据 DEA – Malmquist 指数法测算而得。

3.2.3.4　全要素生产率定基指数的变化情况

由于本书最终要考察的全要素生产率的变化情况，因此本书将全要素生产率增长指数转换为以 2001 年为基数的定基指数。这样既避免了省际差异导致的全要素生产率缺乏可比性的问题，还可以直观地观察全要素生产率历年变动情况。全要素生产率定基指数的计算公式如下。其中，$TFPD_{it}$ 表示第 i

个省份在 t 年的全要素生产率定基指数。

$$TFPD_{it} = \begin{cases} 1, & t = 2001 \\ TFPD_{it-1} \times TFPG_{it}, & t = 2002, \cdots, 2012 \end{cases} \quad (3.13)$$

图 3.10 给出了全国、发达地区和欠发达地区全要素生产率定基指数的变动情况。从中可以清晰地看出，发达地区的全要素生产率定基指数（均值为 1.1316）要依此高于全国（1.1076）与欠发达地区（1.0811）。2002～2008 年之间，全国以及两大地区的全要素生产率定基指数增长较快，但 2008 年之后，全要素生产率定基指数上升较慢，甚至出现下降趋势。

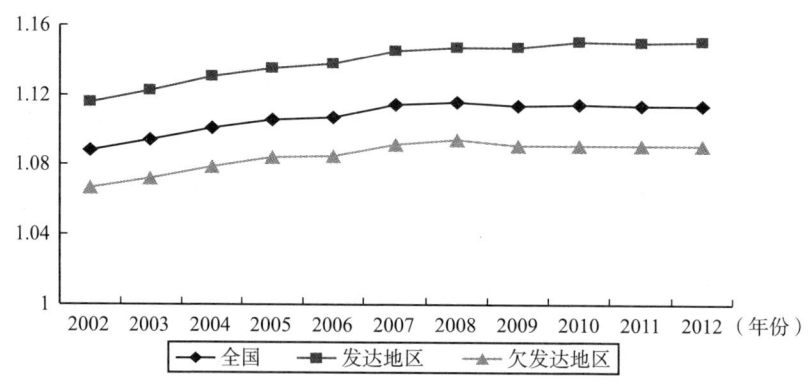

图 3.10　2002～2012 年全国与分地区全要素生产率比较

3.2.4　全要素生产率分解指标的测算结果

借助 DEA – Malmquist 方法、利用式（3.11）分解出了技术进步变化指数（TECH）、纯技术效率变化指数（PECH）和规模效率变化指数（SECH）。下面仍然从全国、地区、省份三个层面进行说明。

3.2.4.1　中国全要素生产率增长指数分解指标的变动情况

图 3.11 给出中国技术进步变化指数（TECH）、纯技术效率变化指数（PECH）和规模效率变化指数（SECH）变动情况。从中可以看出，技术进步变化指数由 2002 年的 1.0051 经过剧烈波动以后下降至 2012 年的 0.9964，与全要素生产率增长指数的变动趋势大体一致，这可能与西方国家加强技术

保护与我国企业自主创新能力较低有关。例如，近年来美国、日本、欧盟等西方发达国家和地区纷纷采用透明度较低、隐蔽性较强、不易监督和预测的保护措施——技术性贸易壁垒。2003 年初，美国通信设备制造商思科公司起诉中国华为公司在美国销售的路由器抄袭了思科公司的软件；加拿大 TRI-VISION 电子公司要求中国出口到美国、加拿大的彩电企业支付彩电 V-chip（童锁）功能技术的专利费，等等。从专利授权数来看，虽然发明、实用新型和外观设计三种专利授权总数不断攀升，但发明专利占比不足 10%，且大约 80% 的专利处于沉睡状态，专利转化率极低（袁晓东，2009）。因此，技术进步速度较慢。纯技术效率变化指数则表现出缓慢上升的态势，从 2002 年的 0.9972 上升至 2012 年的 1.0022；规模效率变化指数的变化则并不显著，一直处于 [1.0004，1.002] 之间，表明我国企业未能在最优规模基础上组织生产，企业的发展仍受到诸多约束。一些学者认为中国的工业部门在改革以来逐步显现出了区际的趋同结构，地区间生产能力的重复和区际竞争严重威胁了中国工业部门的盈利能力，导致地区间的生产模式越来越偏离了其比较优势，从而使得规模效率提升较慢。从各指标的均值来看，纯技术效率变化指数与规模效率变化指数分别为 1.00152 和 1.00163，而技术进步变化指数仅为 0.99904，属于负增长。因此，2002~2012 年间，全要素生产率的增长主要得益于前两个效率指数的贡献。但全要素生产率增长指数与技术进步变化指数的走势保持一致则从另一个侧面表明纯技术效率与规模效率的增长不足以弥补技术进步水平下降对全要素生产率产生的影响。

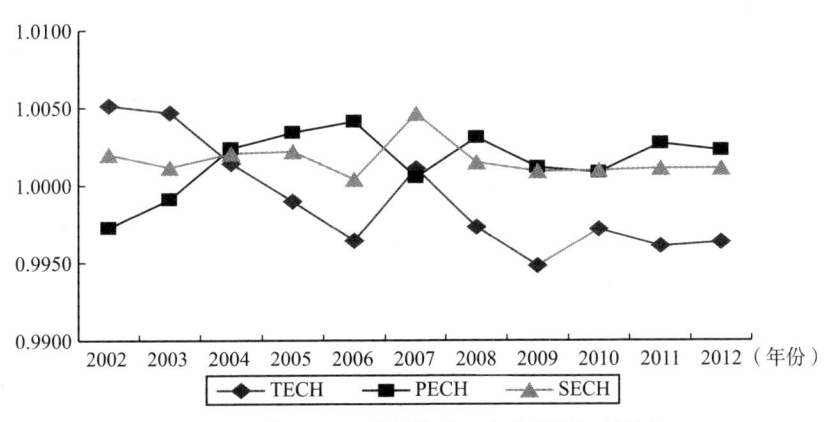

图 3.11　中国 TFP 增长指数三个分解指标的比较

3.2.4.2　各地区全要素生产率增长指数分解指标的变化情况

本书将各省份全要素生产率增长指数的三个分解指标，按照发达地区和欠发达地区的划分标准，分别进行考察，结果如表3.6所示。从技术进步变化指数来看，该指数在两个地区均表现出明显的下降趋势。其中，发达地区由2002年的1.0048下降至2012年的0.9988；欠发达地区则由2002年的1.0051下降至2012年的0.9964。从横向比较来看，发达地区的技术进步变化指数的平均值为1.0010，显著高于欠发达地区0.9990的平均值。这主要得益于早期的经济先发优势和沿海有利地势，可以最先接受和消化先进的技术。这使得其技术进步效率虽然出现下滑趋势，但仍明显高于欠发达地区。在纯技术效率变化指数上，两各地区的平均值分别为1.0013和1.0015，差距并不明显（仅为0.0002）。从规模效率变化指数来看，样本区间这两个地区的SECH值均表现出一定的波动性，但数值变化并不大。其中，发达地区的SECH平均值为1.0007，略低于欠发达地区的1.0016，表明随着经济规模扩大，欠发达地区的增长效率比发达地区高。究其原因可能有两种。第一，在改革开放初期，中国实施"东部优先发展"的经济战略，但并未相应地制定区域产业差别政策和引导政策。经过多年的发展，部分省份出现了较为严重的产业趋同问题。例如，张平（2008）测算出上海与江苏的产业雷同度为0.82，上海与浙江的产业雷同度为0.76，江苏与浙江的产业雷同度达到0.97。因此，规模的壮大并未带动规模效率的显著提升。第二，内陆地区发展相对较晚，通过借鉴东部地区发展的经验和教训，在实施西部大开发、中原崛起和振兴东北老工业基地等均衡发展战略过程中，政府特别注意对产业布局的规划。例如，在1999年开始实施的西部大开发战略中就已经提出"不要搞重复建设"的新要求。因此，随着经济规模的壮大，欠发达地区的规模效率变化指数要高于发达地区。但值得注意的是，两个地区的规模效率变化指数均处于较低水平，调整产业布局和规模已经十分紧迫。从全要素生产率增长的来源来看，发达地区主要依靠纯技术效率变化指数与技术进步变化指数的推动；而欠发达地区则得益于规模效率变化指数和纯技术效率变化指数的贡献。

表 3.6　　　　　　　发达地区与欠发达地区 TFP 分解指标比较

年份	TECH 发达地区	TECH 欠发达地区	PECH 发达地区	PECH 欠发达地区	SECH 发达地区	SECH 欠发达地区
2002	1.0048	1.0051	0.9989	0.9972	1.0016	1.0020
2003	1.0060	1.0047	1.0009	0.9991	0.9990	1.0012
2004	1.0037	1.0014	1.0018	1.0024	1.0015	1.0021
2005	1.0010	0.9990	1.0027	1.0034	1.0005	1.0022
2006	0.9998	0.9964	1.0038	1.0041	0.9988	1.0004
2007	1.0053	1.0011	1.0015	1.0005	0.9992	1.0046
2008	0.9997	0.9973	1.0034	1.0031	0.9985	1.0015
2009	0.9973	0.9948	1.0005	1.0012	1.0016	1.0009
2010	1.0004	0.9972	1.0007	1.0008	1.0014	1.0009
2011	0.9943	0.9961	1.0014	1.0027	1.0034	1.0011
2012	0.9988	0.9964	0.9993	1.0022	1.0021	1.0011
均值	1.0010	0.9990	1.0013	1.0015	1.0007	1.0016

资料来源：根据 DEA – Malmquist 指数法测算而得。

3.2.4.3 各省份全要素生产率增长指数分解指标的比较

本书将各省份全要素生产率增长指数的三个分解指标分别取年平均值，于是便得到表 3.7。从中可以看出，上海的技术进步变化指数最高，年均值达到了 1.0072，紧随其后的依次为广西和北京，分别为 1.0054、1.0053，排在最后三位的省份分别为安徽、青海与湖南，均为 0.9907。从纯技术效率变化指数来看，海南、贵州和黑龙江位列前三名，分别为 1.0120、1.0048 和 1.0044；江西、北京与安徽排在最后，分别为 0.9986、0.9987 和 0.9988。从规模效率变化指数来看，四川、宁夏和湖南名列前茅，分别为 1.0035、1.0035 和 1.0029；海南、山西与黑龙江居于最后三名，分别为 0.9973、0.9991 和 0.9992。

表 3.7　　　　　　　　各省份 TFP 增长指数分解指标

省份	TECH	PECH	SECH
北京	1.0053	0.9987	1.0015
天津	1.0045	0.9996	1.0012
河北	1.0023	0.9994	1.0019
山西	1.0031	1.0021	0.9991
内蒙古	1.0038	1.0016	1.0013
辽宁	0.9960	1.0000	1.0000
吉林	1.0027	0.9999	1.0012
黑龙江	1.0015	1.0044	0.9992
上海	1.0072	1.0000	1.0025
江苏	1.0027	1.0000	1.0014
浙江	1.0025	1.0000	1.0020
安徽	0.9907	0.9988	1.0015
福建	0.9974	1.0031	0.9995
江西	0.9957	0.9986	1.0013
山东	1.0025	1.0000	1.0010
河南	0.9988	1.0002	1.0027
湖北	0.9975	1.0019	1.0015
湖南	0.9907	1.0020	1.0029
广东	1.0049	1.0021	1.0005
广西	1.0054	1.0000	1.0000
海南	1.0007	1.0120	0.9973
四川	1.0001	1.0012	1.0035
贵州	0.9907	1.0048	0.9997
云南	0.9957	1.0021	1.0024
陕西	1.0016	1.0006	1.0025
甘肃	1.0026	1.0015	1.0002
青海	0.9910	1.0027	1.0001
宁夏	1.0025	1.0000	1.0035
新疆	1.0028	1.0018	1.0000

资料来源：根据 DEA – Malmquist 指数法测算而得。

3.2.4.4 全要素生产率分解指标定基指数的变化情况

在实证分析完投资黏性与全要素生产率之间的关系以后，将把投资黏性与其三个分解指标分别进行面板回归，从而进一步考察出投资黏性影响全要素生产率变化的具体途径。由于技术进步变化指数、纯技术效率变化指数与规模效率变化指数均为环比指数，为了消除省际差异导致的不具可比性问题，本书将利用式（3.8）计算方法，将这三个指标转换为定基指数。

从图 3.12 可以看出，技术进步的定基指数的变化呈现出显著的阶段性特征：2002~2007 年，技术进步定基指数不断攀升（2006 年除外），从 2002 年的 1.00497 上升至 2007 年的 1.0134，处于样本期的最高点；2008~2012 年，技术进步定基指数则急剧下滑，从 2008 年的 1.0077 下降至 0.9993。纯技术效率定基指数与规模效率定基指数一直处于上升状态。其中，纯技术效率定基指数由 2002 年的 0.9979 上升至 2012 年的 1.0163；规模效率定基指数则由 2002 年的 1.0018 上升至 2012 年的 1.0141。从三个指标的横向比较来看，2002~2008 年，技术进步定基指数依次高于纯技术效率定基指数和规模效率定基指数；2008 年以后，技术进步定基指数则急剧减小，依次小于另外两个指标。

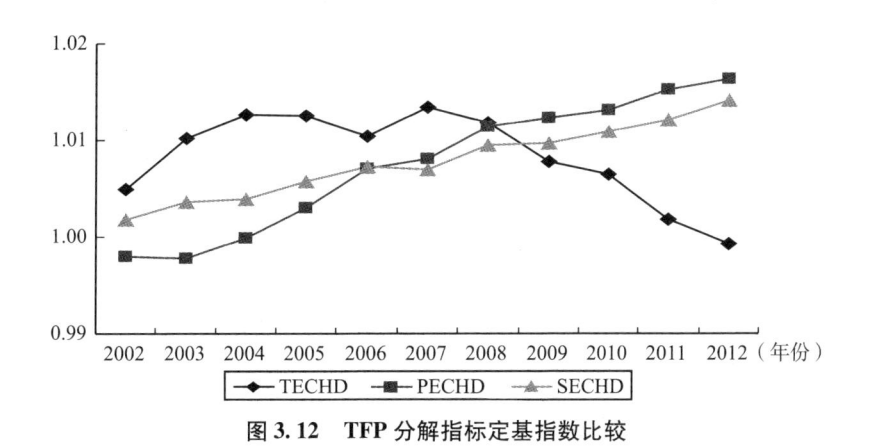

图 3.12 TFP 分解指标定基指数比较

3.2.5 全要素生产率的收敛性分析

前文通过从不同层面进行考察，发现全要素生产率增长指数及其分解指标在区域分布上具有显著差异。然而，我们对于全要素生产率增长指数在区域间以及各区域内部省份之间差距的发展态势并不清楚。为了更好地解决这一问题，从而得出符合实际的区域均衡发展政策，本书将对全国两大地区的全要素生产率增长指数进行收敛性分析。收敛性分析的方法与之前相同，即绝对 σ 收敛、绝对 β 收敛和条件 β 收敛检验。

3.2.5.1 绝对 σ 收敛性检验

图 3.13 给出了全国、发达地区和欠发达地区全要素生产率增长指数的绝对 σ 收敛性检验结果。从中可以看出，在 2002~2004 年全国 σ 值迅速下降至 0.0054，2004~2007 年间 σ 值则出现反弹迅速上升至 0.0092，之后经过 2008 年、2009 年短暂下降后，在 2010 年 σ 值又出现上升趋势，2012 年 σ 值又回落至 0.0056。总体上看，全国全要素生产率增长指数的 σ 值在样本区间具有较大的波动性。由于 2012 年的 σ 值略微小于 2002 年，所以全国全要素生产率增长指数呈现出较弱的收敛特征。欠发达地区 σ 值的变动情况与全国基本一致，但 2012 年的 σ 值高于 2002 年的最初水平，因而欠发达地区不存在 σ 收敛。发达地区的 σ 值在 2002 年达到最大（0.0095），之后虽然也具有一定的波动性，但整体呈现下降趋势。其中 2012 年 σ 值为 0.0052，大约为 2002 年的一半。因此，发达地区存在显著的绝对 σ 收敛特征。

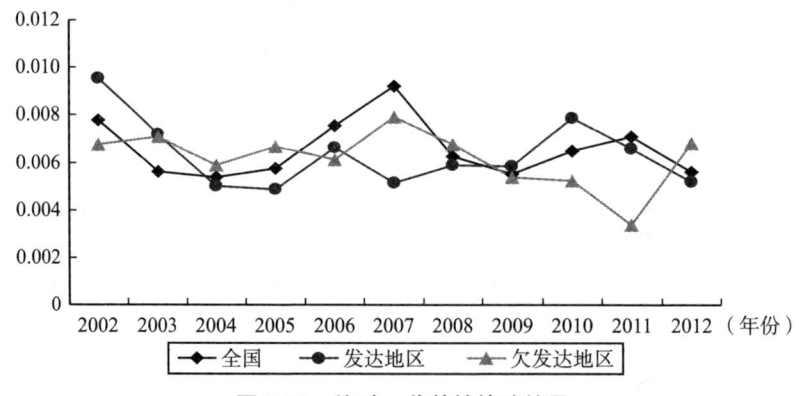

图 3.13 绝对 σ 收敛性检验结果

3.2.5.2 绝对 β 收敛性检验

全要素生产率增长指数的绝对 β 收敛性检验将采用式（3.6）来完成，只是把全要素生产率增长指数与投资黏性进行替换，结果如表 3.10 所示。不难看出，全国 β 值虽然为负值（-0.0539），但未通过显著性检验，表明全国范围内全要素生产率增长指数的收敛特征并不显著。欠发达地区的 β 值则为正值，且通过 10% 水平的显著性检验，表明欠发达地区全要素生产率增长指数的发散特征显著。发达地区的 β 值为 -0.0698，并且在 5% 水平上显著。因此，发达地区的全要素生产率增长指数具有绝对 β 收敛特征。结合绝对 σ 收敛性检验结果，可以认定发达地区具有俱乐部收敛现象。

表 3.8　　　　　　　　　　绝对 β 收敛性检验结果

检验项	全国	发达地区	欠发达地区
常数项	4.88E-05 [4.73E-05]	-0.0002* [8.95E-05]	-6.51E-05 [4.74E-05]
β	-0.0539 [0.005]	-0.0698** (0.0084)	0.0314* [0.0061]
R^2	0.27	0.3667	0.136
F 统计量	106.689***	68.3088***	26.568***

注：*、** 和 *** 分别表示通过 10%、5% 和 1% 显著性检验，[ ] 内为参数的标准误差。

3.2.5.3 条件 β 收敛性检验

全要素生产率增长指数的绝对 β 收敛性检验将采用式（3.7）来完成，只是把全要素生产率增长指数与投资黏性进行了替换，结果如表 3.9 所示。全国及两大区域的估计系数均为负值，并通过了 1% 水平的显著性检验。此外，Hausman 检验均通过 1% 水平的显著性检验，表明采用固定效应模型是合适的。因此，在全国以及两大地区范围内的全要素生产率最早指数均存在着条件 β 收敛，表明各个地区都有各自的稳定水平，并且都将收敛于各自的稳定水平。

表3.9　　　　　　　　　条件 β 收敛性检验结果

检验项	全国	沿海地区	内陆地区
常数项	-0.0025*** (0.0003)	-0.0032*** (0.0007)	-1.74E-05 (0.0004)
β	-0.5202*** [0.0308]	-1.1524*** [0.0889]	-0.6794*** [0.0918]
R^2	0.7092	0.6139	0.3531
F	21.8667***	14.1768***	4.8679***
Hausman 检验	51.3426***	40.8959***	27.7142

注：*、**、*** 分别表示通过10%、5%和1%显著性检验，[ ]内为参数的标准误差。

3.3 本章小结

本章主要对投资黏性和全要素生产率进行了测算，并分别进行了收敛性分析。

对于投资黏性的考察结果表明：第一，全国投资黏性的平均指数由2002年的0.3613上升至2012年的0.6853，平均值为0.301，投资黏性总指数呈现"锯齿形"变化特征；第二，沿海发达地区的投资黏性显著低于内陆欠发达地区；第三，29个省份的投资黏性比较中，宁夏的投资黏性最大，上海则最小；第四，只有发达地区的投资黏性存在"俱乐部收敛"特征，全国和两大地区均存在条件收敛特征。

对于全要素生产率考察的主要结论有：第一，2002～2012年间TFP增长指数变化比较剧烈，由最初的1.0048波动下降至2012年的0.9998，表明全要素生产率的边际效率在逐渐下降，全要素生产率对于经济增长的贡献较低；第二，发达地区的全要素生产率增长指数大于欠发达地区，表明发达地区经济增长质量较高；第三，发达地区全要素生产率增长指数存在"俱乐部收敛"特征，条件收敛则在各地区和全国总样本中均存在。

第 4 章
投资黏性影响经济增长质量的实证检验

本书第 2 章的理论分析提出了投资黏性与全要素生产率呈负相关的理论假设，第 3 章则对投资黏性和全要素生产率分别进行了现实考察。本章将在前两章的基础之上，进一步采用 2002~2012 年中国省级面板数据，运用多种计量方法进行实证研究，从而对理论假设做出进一步的验证。

4.1 变量说明与数据来源

（1）因变量。根据理论部分的阐述，本书主要考察投资黏性对于经济增长质量的影响。因此，利用狭义经济增长质量观点，本书采用全要素生产率（TFP）定基指数来表示经济增长质量的代理变量。为了深入分析投资黏性对全要素生产率的影响机制，本书还将技术进步定基指数（TECHD）、纯技术效率定基指数（PECHD）和规模效率定基指数（SECHD）全要素生产率的三个分解指标也作为因变量。关于全要素生产率定基指数及其分解指标的测算过程及其数据来源在第 3 章中已有详细的说明，在此不再赘述。

（2）核心解释变量。本书将投资黏性作为核心解释变量。由于在第 3 章中已经对投资黏性的测算方法和实数据来源进行了详细说明，在此不再进行具体说明。

（3）控制变量。从已有的研究成果来看，影响全要素生产率的因素众多。如果仅仅考虑投资黏性与全要素生产率之间的关系，而不加入其他解释变量，则存在遗漏重要解释变量的可能性，从而无法得到可靠的研究结果。因此，基于以上考虑，本书结合中国经济发展的实际情况，并参考赵彦云（2011）、毛其淋（2011）等人的研究思路，选取了人力资本、对外开放水平、城镇化进程与自主创新能力等4个作为控制变量进入模型。这4个控制变量的具体含义和预期符号如下：

①人力资本。根据内生增长理论，人力资本对于全要素生产率的作用显著。第一，人力资本是知识创新的重要来源。任何科学和技术都是由人创造的，人力资本可以促进知识的积累。由于知识不具备竞争性特征（Romer，1986），知识（技术）会对他人、社会产生显著的外部"溢出效应"，从而提高整个社会的生产效率。第二，人力资本是技术吸收与扩散的必要条件。假定其他条件不变，人力资本存量越多则技术吸收和扩散的速度越快，技术进步越快。综合以上分析，人力资本对于全要素生产率的影响系数的预期符号显著为正。本书将采用人均受教育年限来衡量人力资本，测算的具体步骤为：首先，将小学、初中、高中和大专以上学历的受教育年限分别设定为6年、9年、12年和16年。然后，将每一种受教育水平的人数乘以相应的受教育年限后加总。最后，将加总数除以总人数便得到了人均受教育年限。

②对外开放水平。根据国际贸易理论，对外开放水平的提高可以推动经济体发挥其比较优势，从而提高全要素生产率。首先，通过对外贸易，出口部门可以通过干中学效应，提高自身的生产率。其次，对外开放程度的加深意味着，一方面，企业可以在全球范围内进行资本配置，降低了生产成本；另一方面，国内部门面临的市场竞争更为激烈，为了获得利润最大化，他们不得不提升企业管理能力、提高企业运行效率，加大科研投入，对于投资领域和规模的选择更为谨慎，从而使得资本配置更为有效合理。最后，出口意味着产品市场的扩大，生产规模可以得到及时的扩张，提高了规模效率。除此以外，外商直接投资不仅解决了发展中国家资本匮乏的问题，而且带来了先进的企业管理经验、技术转移和研发支持，从而对于东道国产生了技术扩散效应、产业链关联效应、人员培训效应、演示—模仿效应，促进了全要素生产率水平的提升（何元庆，2007）。然而，长期以来，由于劳动力充足，资本、自然资源和技术相对缺乏，依照比较优势的国际分工原理，中国工业出口品多为低技术劳动密集型产品或者将本国产品进行简单地组装和加工，

而进口产品主要是资本、技术密集型产品。据统计，中国近一半的出口产品是加工贸易，具有自主品牌的产品出口不足10%，在高新技术产品出口中，九成以上也是来自加工贸易。不难看出，产品大多数处于生产链的低端，技术含量较低，不具备高价格竞争优势。此外，出口的商品大多数为生活必需品，面临的市场压力和技术压力较小，从而并不会对全要素生产率产生显著的促进作用。结合以上两方面的分析，对外开放水平对于全要素生产率影响系数的预期符号有待计量结果的确定。本书选用各省份进出口贸易总额与地区生产总值比值来代表对外开放水平。在计算过程中，首先利用人民币对美元汇率将进出口贸易总额换算成人民币，然后再除以地区生产总值。

③城镇化进程。王小鲁（2004）研究发现，城乡结构变化是中国经济结构变化的一个重要特征。伴随着社会生产力的发展和变革，人类的生产和生活表现出由农村向城市转移的必然趋势，农村的人口和土地面积不断缩小，城市规模不断扩大，城市的环境和功能不断完善。在1978年中国的城镇化率仅为18%，到了2014年已经上升到54.77%，增长两倍多。随着城镇化水平的提高，一方面，劳动力和资本实现了由生产率较低的农业向生产率较高的第二、第三产业的转移，实现了资源配置的优化，一定程度上推动了全要素生产率的增长；另一方面，城镇的功能和生存环境得到改善，这不仅促进了人力资本的积累和提升，而且实现了经济资源的集聚，有利于发挥经济规模效应。基于前面的分析，本书认为城镇化进程对于全要素生产率的影响系数显著为正。城镇化进程将采用城镇人口占总人口的比重来衡量。

④自主创新能力。根据波特竞争理论，国家竞争力的根本在于其产业创新水平与升级能力，而产业结构优化升级则需要由创新的新兴产业来带动。随着自主创新能力的提高，技术进步速度加快，生产要素实现了从低生产率向高生产率产业的转移，资本的配置和利用效率提高。因此，自主创新能力对于全要素生产率的影响系数预期符号为正。国内外学者通常采用研发投入或专利对自主创新能力进行测算。实际上，直接决定生产率的是创新产出（专利等新发明和新知识），并不一定是研发。专利通常包括发明、实用新型和外观设计等三种类型。其中，发明专利的原创性最强、技术含量最高，对于全要素生产率的推动作用最强，而其他两项专利的技术含量相对较低。自主创新能力的提升关键是考察发明专利的变化情况。因此，本书将发明专利

授权数占三种专利授权总数的比重作为自主创新能力的衡量指标,比值越大则创新能力越强。

以上变量的简要说明在表4.1中给出。本书采用的数据中,小学、初中、高中、大中专以上学历的在校生人数、城镇人口、总人口、进出口贸易总额、地区生产总值均来源于历年《中国统计年鉴》,三种专利授权总数来源于历年《中国科技统计年鉴》,人民币对美元汇率来源于中国人民银行网站。对于存在缺失的数据,利用《新中国60年统计资料汇编》、各地区统计年鉴以及Wind数据库进行补齐。

表4.1　　　　　　　　　主要变量的简要说明

变量		符号	含义	预期符号
因变量	TFP定基指数	$TFPD$	采用DEA-Malmqnist指数法测算后,再化为定基指数	
	技术进步定基指数	$TECHD$	采用DEA-Malmqnist指数法测算后,再化为定基指数	
	纯技术效率定基指数	$PECHD$	采用DEA-Malmqnist指数法测算后,再化为定基指数	
核心解释变量	规模效率定基指数	$SECHD$	采用DEA-Malmqnist指数法测算后,再化为定基指数	
	投资黏性	INS	详见第3章	—
控制变量	人力资本	hc	人均受教育年限	+
	对外开放水平	$open$	进出口贸易总额除以地区生产总值	不确定
	城镇化进程	$city$	城镇人口占总人口的比重	+
	自主创新能力	inn	发明专利总数除以专利授权总数	+

4.2　模型设定

本书的核心内容是考察投资黏性对经济增长质量的影响。因此,在前面理论分析的基础之上,本书构造了如下计量模型:

$$TFPD_{it} = \alpha_0 + \alpha_1 INS_{it} + \upsilon_{it} \qquad (4.1)$$

其中，下标 i 和 t 分别代表省份和时间。$TFPD$ 表示全要素生产率的定基指数，INS 表示投资黏性，υ_{it} 表示随机项。此外，为了避免遗漏其他重要的解释变量，更好地识别投资黏性对于全要素生产率的影响，本书还在式（4.1）的基础上加入 4 个对于全要素生产率变动起到重要作用的控制变量。设定的计量模型如下：

$$TFPD_{it} = \alpha_0 + \alpha_1 INS_{it} + \alpha_2 hc_{it} + \alpha_3 open_{it} + \alpha_4 city_{it} + \alpha_5 inn_{it} + \varepsilon_{it} \qquad (4.2)$$

其中，hc 表示人力资本，$open$ 表示对外开放水平，$city$ 表示城镇化进程，inn 表示自主创新能力，ε_{it} 表示随机项。

同时，为了深入研究投资黏性影响全要素生产率变化的内在机制，本书接下来将采用省级面板数据，运用两步法系统矩估计，对于以下三个模型进行回归。其中，$TECH$、$PECH$ 与 $SECH$ 均采用定基指数。

$$\begin{aligned}TECHD_{it} = &\alpha_0 + \alpha_1 TECHD_{it-1} + \alpha_2 INS_{it} + \alpha_3 hc_{it} \\ &+ \alpha_4 open_{it} + \alpha_5 city_{it} + \alpha_6 inn_{it} + \varepsilon_{it}\end{aligned} \qquad (4.3)$$

$$\begin{aligned}PECHD_{it} = &\alpha_0 + \alpha_1 PECHD_{it-1} + \alpha_2 INS_{it} + \alpha_3 hc_{it} \\ &+ \alpha_4 open_{it} + \alpha_5 city_{it} + \alpha_6 inn_{it} + \varepsilon_{it}\end{aligned} \qquad (4.4)$$

$$\begin{aligned}SECHD_{it} = &\alpha_0 + \alpha_1 SECHD_{it-1} + \alpha_2 INS_{it} + \alpha_3 hc_{it} \\ &+ \alpha_4 open_{it} + \alpha_5 city_{it} + \alpha_6 inn_{it} + \varepsilon_{it}\end{aligned} \qquad (4.5)$$

4.3　样本基本特征描述

本书采用 Eviews 6.0 软件，从平均值、中位数、最大值、最小值、标准误差和观察值这六个方面，对 7 个变量的基本特征进行了初步分析。从表 4.2 可以看出，人力资本平均值为 8.5544，表明中国平均受教育水平处于初中阶段；对外开放水平均值为 0.3482，基本处于正常区间；城镇化水平平均值为 0.4801，表明中国城镇化水平仍较低；自主创新能力平均值为 0.1379，表明发明授权数占三种专利授权总数的比重不足 15%，意味着中国发明专利处于较低水平，自主创新能力较弱。

表4.2　　　　　　　　　各变量描述性统计分析

变量	平均值	中位数	最大值	最小值	标准误差	观测值
TFPD	1.1381	1.0905	2.0709	0.5862	0.2136	319
TECHD	1.0083	1.0171	1.0668	0.9025	0.0309	319
PECHD	1.0075	1.0010	1.1395	0.9624	0.0237	319
SECHD	1.0078	1.0050	1.0851	0.9338	0.0157	319
INS	0.5788	0.5343	1.706	0.0839	0.2725	319
hc	8.5544	8.432	11.0916	7.2058	0.7713	319
open	0.3482	0.1337	1.7646	0.0357	0.4312	319
city	0.4801	0.451	0.8933	0.224	0.1505	319
inn	0.1379	0.1262	0.3995	0.0155	0.0731	319

表4.3给出了解释变量与全要素生产率定基指数的相关性检验结果。投资黏性与全要素生产率定基指数之间的相关系数为 -0.3179，并且在1%水平上显著。其他解释变量与被解释变量之间的相关性也与预期的一致，且至少通过了5%水平的显著性检验。解释变量之间的相关系数绝对值均小于0.7。因此，本书进一步考察了方差膨胀因子（VIF）。结果发现，VIF取值均处于 [1, 1.7822]。根据经验法则，如果最大的方差膨胀因子 $VIF_{max} = \max(VIF_1, VIF_2, \cdots, VIF_n) \leq 10$，则可以认为不存在多重共线性问题。因此，本书所选取的变量组合是合理的。

为了直观起见，图4.1描绘出了投资黏性与全要素生产率定基指数关系的二维散点图以及回归的拟合趋势线，不难看出，投资黏性与省际全要素生产率增长指数之间存在显著的负相关关系，拟合系数为 -0.0389。这为本书的理论分析提供了初步的经验支持。当然，更为严谨详细的结论还有待于下文进行严格的计量分析才能得出。图4.2至图4.5分别绘出了4个控制变量与全要素生产率定基指数的散点图。其中，人力资本、城镇化水平和自主创新能力与全要素生产率定基指数均呈显著的正相关关系，与预期符号一致，而对外开放水平虽与全要素生产率定基指数也呈现正相关关系，但数值较小。

表 4.3 相关性分析结果

变量	*TFPD*	*INS*	*hc*	*open*	*city*	*inn*
INS	-0.3179**	1				
hc	0.8512**	-0.6625**	1			
open	0.7115**	-0.0064**	0.0692**	1		
city	0.9775**	-0.4377	0.5144	0.6001*	1	
inn	0.9275*	-0.5528*	0.4710**	0.4805**	0.4010***	1

注：*、**、***分别表示通过10%、5%、1%水平的显著性检验。

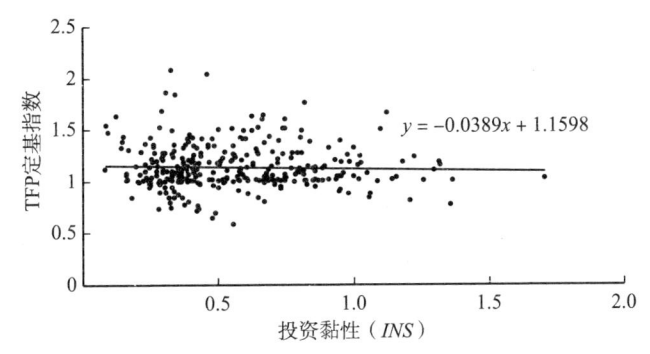

图 4.1 TFP 定基指数与投资黏性

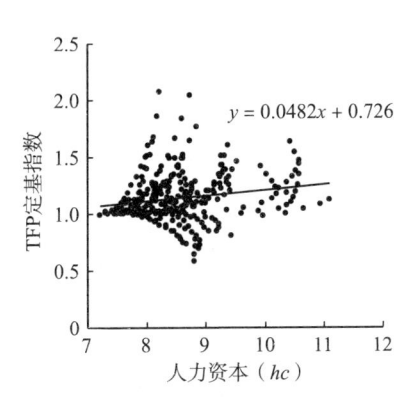

图 4.2 TFP 定基指数与人力资本

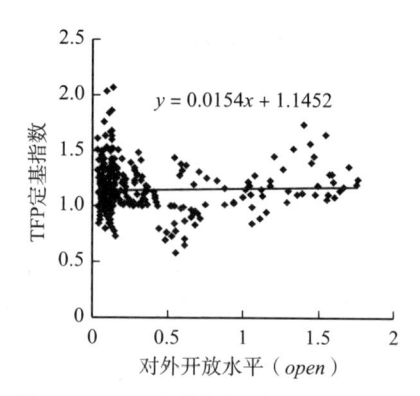

图 4.3　TFP 定基指数与对外开放水平

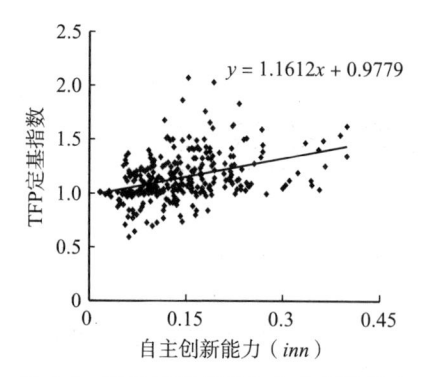

图 4.4　TFP 定基指数与自主创新能力

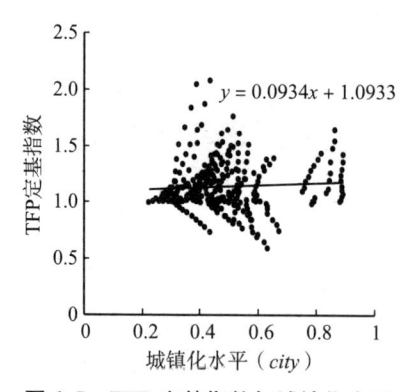

图 4.5　TFP 定基指数与城镇化水平

4.4 单位根检验与协整分析

在对各变量进行计量分析之前，本书将对各变量进行单位根检验，从而防止伪回归现象的发生。在单位根检验过程中，本书将分别采用了 LLC 检验、IPS 检验、ADF - Fisher 检验和 PP - Fisher 检验等四种方法进行综合分析，以此保证单位根检验结果更为真实可靠。表 4.4 报告了各变量单位根检验结果。从中可以看出，TFPD、TECHD、PECHD、SECHD、INS、hc、open、inn、city 9 个变量在四种检验方法下均至少通过了 5% 水平的显著性检验。因此，可以认定这 9 个变量是平稳的。

表 4.4　　　　　　　　　　单位根检验结果

变量	LLC 检验	IPS 检验	ADF - Fisher 检验	PP - Fisher 检验
TFPD	-7.1094 ***	-3.8916 ***	106.617 ***	111.526 ***
TECHD	-6.1347 ***	-2.0844 **	105.875 ***	203.289 ***
PECHD	-3.2479 ***	-3.4576 ***	66.4892 **	89.543 **
SECHD	-4.9184 ***	-3.543 ***	72.6571 **	113.353 ***
INS	-11.2127 ***	-6.2198 ***	131.901 ***	149.402 ***
hc	-5.8062 ***	-1.7603 **	84.579 **	83.5452 **
open	-12.8009 ***	-6.5209 ***	151.144 ***	175.105 ***
inn	-14.442 ***	-7.3979 ***	164.058 ***	189.946 ***
city	-12.0353 ***	-6.5697 ***	147.594 ***	152.024 ***

注：*、**、*** 分别表示通过 10%、5% 和 1% 水平的显著性检验。

为了检验各变量之间是否存在稳定的长期关系，接下来将采用较流行的 Kao 检验和 Pedroni 检验两种方法进行协整分析。这两种方法均是在恩格尔（Engle）和格兰杰（Granger）二步法检验基础上发展起来的。其中，Kao 检验在第一阶段进行方程回归时，必须假定每一个截面个体的截距项不同，但系数项一致，并设所有趋势系数等于 0。在第二阶段，对于回归结果运用 DF

检验和 ADF 检验原理，进行残差序列平稳性检验。Pedroni 检验则是主要通过协整方程的回归残差来构造多个统计量来来检验面板变量之间的协整关系，经验法则表明，在小样本中（时间跨度小于 20），Panel ADF 统计量和 Group ADF 统计量是最有效的。由于本书的样本时间跨度为 11，所以在 Pedroni 检验中，将只报告这两个统计量的结果，并以此作为判断标准。从表 4.5 可以看出，在这两种检验方法下，各种变量组合都至少通过了 10% 水平的显著性检验。

表 4.5　　　　　　　　　协整检验结果

变量组合	Kao 检验	Pedroni 检验	
	Kao – ADF 统计量	Panel – ADF 统计量	Group – ADF 统计量
$TFPD, INS$	1.4608*	-3.4717***	-3.0531***
$TFPD, INS, hc, open, inn, city$	-4.8982***	-3.8176***	-1.2567**
$TECHD, INS, hc, open, inn, city$	-3.4582**	-3.8188***	-1.4617*
$PECHD, INS, hc, open, inn, city$	-3.7695***	-1.2893*	-2.3421**
$SECHD, INS, hc, open, inn, city$	-2.3427**	-1.7391*	-2.3296**

注：*、** 和 *** 分别表示通过 10%、5% 和 1% 水平的显著性检验。

4.5　投资黏性影响 TFP 定基指数的回归结果

在确定了各变量之间的协整关系以后，本书分别采用混合面板最小二乘法（POLS）模型、随机效应模型（RE）、固定效应模型（FE）这三种方法对投资黏性与全要素生产率增长指数进行面板回归，具体结果如表 4.6 所示。

表 4.6　　　　　投资黏性与 TFP 定基指数初步回归结果

变量	POLS (1)	RE (2)	FE (3)	POLS (4)	RE (5)	FE (6)
常数项	1.1152*** [0.0524]	1.1604*** [0.0347]	1.1606*** [0.025]	0.7441*** [0.1791]	-0.0435 [0.231]	-0.6626** [0.2585]

续表

变量	POLS (1)	RE (2)	FE (3)	POLS (4)	RE (5)	FE (6)
INS	-0.0286 [0.0443]	-0.04** [0.0147]	-0.0403*** [0.0164]	-0.0338 [0.0405]	-0.0297*** [0.0015]	-0.0307*** [0.0165]
hc				0.0269 [0.0276]	0.1257*** [0.035]	0.1795*** [0.0384]
open				-0.1639*** [0.0014]	0.1096 [0.0562]	0.0311*** [0.0067]
inn				1.01284*** [0.1643]	0.5119** [0.1737]	0.2139** [0.0787]
city				0.2027 [0.1794]	0.2601 [0.2022]	0.5559** [0.1278]
横截面效应	NO	YES	YES	NO	YES	YES
时期效应	NO	NO	NO	NO	YES	YES
LM 检验	209.09***			147.73***		
Hausman 检验	7.9832**			38.97***		
F 检验值	7.48***			8.77***		
R^2	0.0305	0.0349	0.4092	0.2038	0.2247	0.2631

注：(1) *、**、*** 分别表示通过 10%、5%、1% 水平的显著性检验，[ ] 内为标准误差。
(2) POLS、FE 和 RE 分别表示混合面板最小二乘法、固定效应和随机效应，面板设定 F 检验的零假设是个体效应不显著，LM 检验的零假设是误差项独立同分布，若拒绝零假设则说明存在随机效应，Hausman 检验的零假设是 FE 和 RE 的估计系数没有系统性差异。

在表 4.6 中，(1)~(3) 列报告了基准模型的回归结果，(4)~(6) 列为加入了控制变量以后的回归结果。从 LM 检验结果来看，两种模型的 LM 检验值均通过了 1% 水平的显著性检验，表明随机效应模型比 OLS 模型更为有效。F 检验值在 1% 水平显著，表明个体效应十分显著。进一步采用 Hausman 检验比较 FE 模型与 RE 模型准确性时，发现检验值在至少在 5% 水平上显著，表明 FE 模型的回归结果更为准确。

接下来，本书以 FE 模型为例对于回归结果进行详细分析。未加入控制变量以前，投资黏性对于全要素生产率定基指数的影响系数为 -0.0403，并且通过了1%水平的显著性检验，表明投资黏性对于、全要素生产率产生了显著的负向影响，这与理论分析和图4.1的结论相一致。加入4个控制变量以后，影响系数仍为负值且在1%水平上显著。

在控制变量中，人力资本、自主创新能力和城镇化水平对全要素生产率的影响系数均为正值，并且至少在5%水平上显著，与预期符号相一致。对外开放水平对全要素生产率的影响系数虽然也为正值，但未通过显著性检验。本书的结论表明出口商品结构不合理等一系列问题已经影响到了对外开放水平的质量，导致其无法对全要素生产率产生显著的促进作用。

4.6 稳健性检验

4.6.1 检验方法Ⅰ：重新测算全要素生产率

由于本书的核心内容是研究投资黏性对全要素生产率的影响，而全要素生产率的测算方法众多，并且各有优劣。为了避免全要素生产率估算方法选择不当而对实证结果产生影响，本书接下来将选用索罗余值法测算中国29个省份的全要素生产率，并重新进行面板回归。索罗余值法作为最早测算全要素生产率的方法，虽然近年来受到不同程度的批评，但如果运用恰当仍具有较高的使用价值（郑京海，2008）。本书将借助该方法重新测算全要素生产率。索罗余值法的基本步骤如下：

假定生产函数为规模报酬不变的柯布—道格拉斯生产函数：

$$Y_{it} = A_{it} K_{it}^{\alpha} L_{it}^{1-\alpha} \quad 0 < \alpha < 1 \tag{4.6}$$

将式（4.6）变形可得：

$$A_{it} = Y_{it} / (K_{it}^{\alpha} \ln L_{it}^{1-\alpha}) \tag{4.7}$$

其中，i为省份，t表示时间，Y表示产出，A表示全要素生产率，K表示资本，L表示劳动力，α表示资本产出弹性，β表示劳动产出弹性。根据索罗（1957）的描述，A_{it}可以表示成如下形式：

$$A_{it} = A_{i0} e^{\lambda t} \tag{4.8}$$

将式（4.8）代入式（4.6），然后等式两边均除以 L_{it} 可得：

$$Y_{it}/L_{it} = A_{i0}e^{\lambda t}K_{it}/\ln L_{it} \quad (4.9)$$

式（4.9）两边取对数可得：

$$\ln(Y_{it}/L_{it}) = \lambda t + \ln A_{i0} + \alpha \ln(K_{it}/\ln L_{it}) \quad (4.10)$$

采用中国省际面板数据，通过 LM 检验可和 Hausman 检验，从混合回归模型（POLS）、固定效应模型（FE）和随机效应模型（RE）中选择相应的模型估计出式（4.10）中资本产出弹性 α，然后利用式（4.7）可以计算出全要素生产率 A_{it}。表 4.7 给出生产函数的估计结果。

表 4.7　　　　　　　　　生产数估计结果（固定效应模型）

变量	系数	标准误差	T 值	P 值
$K_{it}/\ln L_{it}$	0.5626	0.01247	45.11	0
t	−0.0187	0.0054	−34.63	0
常数项	0.3238	0.1107	2.93	0.003
LM 检验值	1237.79***			
Hausman 检验值	8.62**			
F 值	106.89***			

注：*、**、***分别表示通过10%、5%、1%水平的显著性检验。

从表 4.7 可以看出，资本产出弹性为 0.5626，且通过了 1% 水平的显著性检验，这与赵彦云（2011）测算出的数值相差不大。LM 检验、Hausman 检验和 F 检验均至少在 5% 检验水平上显著，表明固定效应模型回归结果是可信的。利用式（4.4）便可以得到各省份的全要素生产率实际值。同样，为了消除省际差异的影响，将各省份全要素生产率也转换为 2001 年为基数的全要素生产率定基指数，如表 4.8 所示。从中可以看出，全国及各地区全要素生产率定基指数均表现出向上升后下降的趋势，并且发达地区的全要素生产率定基指数依次大于全国和欠发达地区，这与之前的结果基本一致。

表4.8　　　　　　中国全要素生产率定基指数（索罗余值法）

年份	全国	发达地区	欠发达地区
2002	1.0227	1.0322	1.0160
2003	1.0440	1.0592	1.0333
2004	1.0723	1.0945	1.0566
2005	1.0881	1.1120	1.0713
2006	1.0841	1.1168	1.0610
2007	1.1264	1.1656	1.0987
2008	1.1361	1.1788	1.1059
2009	1.1162	1.1676	1.0799
2010	1.1182	1.1838	1.0719
2011	1.1194	1.1805	1.0763
2012	1.1211	1.1822	1.0781
均值	1.0953	1.1339	1.0681

资料来源：根据相关年份《中国统计年鉴》，采用索洛余值法测算而得。

接下来，利用固定效应模型，将重新估算出的全要素生产率定基指数替换掉原来的数值进行面板回归，结果如表4.11所示。从中可以看出，无论是否加入控制变量，LM检验值均在1%水平上显著，表明个体效应十分显著；Hausman检验值至少在5%的检验水平上显著，表明固定效应模型估计结果更为准确。投资黏性对全要素生产率定基指数的影响系数一直保持负值且至少在10%的检验水平上显著，这与之前结果一致；各控制变量的系数符号也保持不变，但对外开放水平和城镇化进程的显著性降低。总体来看，本书的实证结果是稳健的。

表4.9　　　　　　　　稳健性检验回归结果（1）

变量	稳健性检验Ⅰ		稳健性检验Ⅱ	
常数项	1.1606 *** [0.02502]	0.4246 *** [0.1057]	1.1221 *** [0.0099]	0.4944 *** [0.1397]
INS	-0.0403 ** [0.00138]	-0.0274 * [0.0129]	-0.035 ** [0.0164]	-0.0313 ** [0.0155]

续表

变量	稳健性检验 I		稳健性检验 II	
hc	0.0805 *** [0.0157]		0.0786 *** [0.0214]	
$open$	0.0114 [0.0368]		0.0559 [0.0406]	
inn	0.3223 *** [0.0914]		0.2505 *** [0.0969]	
$city$	0.0903 [0.0937]		0.1392 [0.1379]	
LM 检验	209.09 ***	147.73 ***	524.56 ***	433.45 ***
横截面效应	YES	YES	YES	YES
时期效应	NO	YES	NO	YES
Hausma 检验	5.673 **	38.97 ***	4.25 **	13.05 **
F 检验值	7.48 ***	8.77 ***	19.87 ***	18.74 ***
R^2	0.2492	0.0143	0.1039	0.1589

注：*、**、***分别表示通过10%、5%、1%水平的显著性检验，[ ]内为标准误差。

4.6.2 检验方法 II：考虑滞后效应的影响

考虑到投资黏性对全要素生产率的影响可能存在一定的滞后效应，本书将滞后1期的投资黏性替换掉当期值，并利用固定效应模型重新进行回归。从表4.9可以看出，投资黏性对全要素生产率的影响仍为负值，并且在5%的检验水平上显著。各种统计量的检验结果表明选择固定效应模型是合适的。各控制变量的系数符号均保持不变，但仅仅人力资本与自主创新能力的系数显著。因此，本书的回归结果是可靠的。

4.6.3 检验方法 III：采用系统矩估计进行回归

在之前的估计中均采用固定效应模型进行分析。虽然该模型可以有效剔除非观测的地区特定效应，有效地解决了混合面板最小二乘法以及随机效应模型无法处理的遗漏变量问题，从而得出参数的一致性估计结果。然而，一致性结果的取得却以变量与随机误差项无关的假设为前提，即解释变量均为外生变量。实际上，投资黏性与全要素生产率之间可能存在一定内生性问题，从而导致联立性偏误问题的产生。这是因为投资黏性会显著阻碍全要素生产率的提高，而与此同时，生产率的提高又会反过来降低投资黏性。全要素生产率较高的地区为了保持全要素生产率的较快增长，会更加注重对于投资规模和结构的调节，资本配置得到优化，投资黏性会得到降低。当存在较为严重的内生性问题时，回归系数是有偏，甚至不一致的。因此，为了控制内生性问题对于结果的影响，本书接下来将采用广义矩估计（GMM）的方法重新进行回归。

GMM方法是基于模型实际参数满足一定矩条件而形成的一种参数估计方法，是矩估计方法的一般形式。该方法一般通过差分或者采用工具变量来控制未观察到的时间和个体效应，同时利用前期的解释变量和滞后的被解释变量作为工具变量克服内生性问题。与两阶段最小二乘法（2SLS）、三阶段最小二乘法（3SLS）相比，该方法不需要知道扰动项的准确分布情况，并且允许随机误差项存在异方差和序列相关，所得到的参数估计量比其他估计方法更合乎实际。GMM估计能否获得有效性参数估计值的关键在于工具变量是否有效。在此，本书利用两种方法进行识别：第一，Sargan检验。如果检验值不能拒绝零假设则证明工具变量是有效性的；第二，残差项非自相关性检验。如果一阶差分相关且二阶及差分不相关则工具变量是有效的。根据计算步骤不同，GMM方法可分为一步法GMM和两步法GMM。当观测值与横截面之间是独立时，则可以采用差分矩估计回归（DIF－GMM）。然而大多数时候，观测值与横截面之间并不独立，阿里兰诺（Arrllano）结合一阶差分方程和水平方程提出了更为完备的矩条件，形成了系统矩估计（SYS－GMM）。由于SYS－GMM利用了比DIF－GMM更多的信息，可以有效控制某些解释变量的内生性问题，通过将弱外生变量的滞后项作为工具变量纳入估计方程，从而获得一致性估计。因此，前者比后者的估计结果更有效。因此，本书采用系统矩估计重新进行回归，回归模型为以下形式：

$$TFPD_{it} = \alpha_0 + \alpha_1 TFPD_{it-1} + \alpha_2 INS_{it} + \alpha_3 hc_{it} + \alpha_4 open_{it} + \alpha_{54} city_{it} + \alpha_6 inn_{it} + \varepsilon_{it}$$

(4.11)

表4.10给出了系统广义矩估计的回归结果。在这两种方法下，投资黏性的影响绝对值有所下降，但至少在10%的检验水平上显著为负，与之前结论

一致。联合显著性的 Wald 检验值在 1% 水平上显著,表明模型整体上非常显著;Sargan 检验的 P 值均大于 10%,表明不能拒绝工具变量为过度识别的原假设,即工具变量有效;而残差序列相关性检验结果中,一阶序列相关性 AR(1) 的 P 值小于 10%,而二阶序列相关性 AR(2) 的 P 值均大于 10%,由此可以判定原模型的误差项不存在序列相关性。从控制变量的系数来看,每个系数均为正值,这与预期结果一致。但个别系数未通过显著性检验。整体来看,本书回归结果具有较好的稳健性。

表 4.10　　　　　　　　　稳健性检验回归结果(2)

变量	稳健性检验Ⅲ 一步法	稳健性检验Ⅲ 两步法	稳健性检验Ⅳ 一步法	稳健性检验Ⅳ 两步法
常数项	-0.0727*** [0.0097]	-0.0632*** [0.007]	0.0733 [0.0928]	0.0814*** [0.0279]
L1.TFPD	1.1689*** [0.004]	1.1677** [0.0063]	0.8004*** [0.033]	0.7996*** [0.0162]
INS	-0.0043* [0.0016]	-0.0043*** [0.0007]	-0.012** [0.0024]	-0.0113*** [0.0019]
hc	0.2499*** [0.0795]	0.2512*** [0.0325]	0.0201 [0.0141]	0.0189*** [0.0049]
open	0.0633*** [0.0088]	0.0607*** [0.003]	0.1007*** [0.0163]	0.1032*** [0.0053]
inn	0.0021 [0.0023]	0.0021*** [0.0002]	0.0559 [0.0653]	0.062*** [0.0207]
city	0.2629*** [0.0285]	0.2867*** [0.0231]	0.0966 [0.0928]	0.0915*** [0.0286]
Wald 检验 P 值	0.0000	0.000	0	0
AR(1)		0.0556		0.0148
AR(2)		0.5265		0.3075
Sargan 检验	0.1246	0.9993	1	0.9982
观测值	290	290	290	290

注:(1) *、**、*** 分别表示通过 10%、5%、1% 水平的显著性检验,[ ] 内为标准误差。(2) Sargan 检验的零假设是"工具变量为过度识别",若接受零假设则说明工具变量是合理的。(3) AR(1) 和 AR(2) 检验的零假设分别为模型不存在一阶和二阶自相关。

4.6.4 检验方法Ⅳ：采用其他算法计算投资黏性

由于投资黏性是一个较新的经济学概念，以前的文献较少涉及。关于投资黏性的计算方法更是少之又少。本书依据投资学、投资行为学以及物理学原理提出的投资黏性计算公式，虽然对于投资黏性进行了较好的刻画，但仍不免存在一定的偏差。为了证明该方法测算的投资黏性是准确可信的，本书还依据消费黏性的相关研究，构建了另外一个测算公式，并对中国的投资黏性在此进行了估算。

为了可以更好地理解投资黏性新算法的由来，有必要先介绍消费黏性的计算公式。卡罗尔（Carroll，2011）在研究消费问题时，曾把消费黏性系数引入到消费的效用函数，函数具体表示如下：

$$(c, H) = \frac{(c - \chi H)^{1-\rho}}{1-\rho} \tag{4.12}$$

其中，c 表示消费，H 表示人力财富，ρ 是相对风险规避系数，χ 代表消费黏性系数。根据戴南（Dynan，2000）模型，则得到关于消费黏性系数的欧拉方程：

$$\Delta \log c_{t+1} = c_0 + \chi \Delta \log c_t + \eta_{t+1} \tag{4.13}$$

由于上式决定 χ 是一个弹性概念，骆祚炎（2011）令 $c_{tg} = (c_{t+1} - c_t)/c_{t-5}$，然后代入式（4.13）便得到下式：

$$c_{(t+1)g} = c_0 + \chi c_{tg} + \eta_{t+1} \tag{4.14}$$

由于相邻两期分子相差较小，消费黏性系数可以用相邻两期的差值来表示。本书将投资替换掉上式中的消费，令 $I_{tg} = (I_{t+1} - I_t)/I_{t-5}$ 便得到投资黏性的计算公式：

$$I_{(t+1)g} = c_0 + \chi I_{tg} + \eta_{t+1} \tag{4.15}$$

本书利用该方法重新测算了中国的投资黏性系数，并描述出它与全要素生产率定基指数之间关系的散点图（见图4.6）。图4.6中，投资黏性系数与全要素生产率定基指数的拟合直线斜率为 -0.0689，初步证实两者存在负相关关系。接下来，采用两步法 SYS - GMM 进行面板数据回归。从表4.11可以看出，投资黏性对全要素生产率定基指数的影响系数均为负值，且至少通过了5%水平的显著性检验。各统计量的结果均表明模型整体上是显著的、不存在过度识别问题，工具变量是有效的。各控制变量的系数也与之前保持一致。因此，本书的实证结果是稳健可靠的。

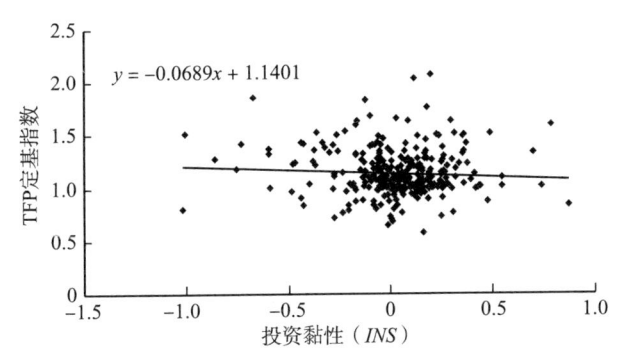

图 4.6 投资黏性（新算法）与全要素生产率

表 4.11　　　　　　　　　　回归结果

变量	TECH	PECH	SEAC
L1. TFPD	0.9033 *** [0.0014]	0.9033 *** [0.0014]	0.5912 *** [0.02163]
常数项	0.1495 *** [0.0028]	0.2506 *** [0.0022]	0.131 *** [0.0226]
INS	−0.0002 * [0.00006]	0.0001 [0.0001]	−0.0011 ** [0.0004]
hc	0.0041 *** [0.0002]	0.0043 *** [0.0007]	0.0026 *** [0.0008]
open	0.0045 [0.0032]	0.0035 *** [0.0007]	0.0027 *** [0.0008]
inn	0.024 *** [0.001]	0.0029 *** [0.0008]	0.0109 *** [0.0023]
city	0.0319 [0.034]	0.0189 [0.042]	0.0455 *** [0.0073]
Wald 检验 P 值	0.0000	0.0000	0.0000
AR（1）	0.0117	0.0391	0.0396
AR（2）	0.5641	0.1331	0.1747

续表

变量	TECH	PECH	SEAC
Sargan 检验	0.965	0.9981	0.9978
观测值	261	261	261

注：(1) *、**、*** 分别表示通过10%、5%、1%水平的显著性检验，[ ] 内为标准误差。
(2) Sargan 检验的零假设是"工具变量为过度识别"，若接受零假设则说明工具变量是合理的。
(3) AR（1）和 AR（2）检验的零假设分别为模型不存在一阶和二阶自相关。

4.7 投资黏性对全要素生产率分解指标的影响

以上通过多种计量方法证明了投资黏性对全要素生产率会产生显著负向影响，但我们并不清楚它究竟是通过那一条途径影响全要素生产率变化的。为此，接下来采用式（4.2）、式（4.3）和式（4.4）将投资黏性与全要素生产率三个分解指标分别进行面板回归，结果如表4.11所示。

从表4.11中可以看出，投资黏性对于技术效率定基指数的影响并不显著，而对于技术进步定基指数和规模效率定基指数的影响系数则均为负值，且至少在10%水平上显著，但前者的绝对值略小于后者，表明投资黏性主要通过影响规模效率来阻碍全要素生产率增长。Wald 检验均在1%水平上显著，表明模型整体估计较好；Sargan 检验和残差自相关检验结果表明工具变量是有效的。各控制变量的回归结果均为正值，但部分变量系数的显著性较低。

4.8 投资黏性影响经济增长质量的区域差异

前面在全国范围内考察了投资黏性对全要素生产率的影响，并且还分析了投资黏性阻碍全要素生产率增长的具体途径。由于中国幅员辽阔，各地区经济发展并不均衡，特别是内陆欠发达地区与沿海发达地区存在较大差距。同时，上一章对全要素生产率和投资黏性进行实际考察时，发现投资黏性和全要素生产率均存在显著的区域差异。那么，不同地区的投资黏性对于全要素生产率的影响是否存在差异、影响的途径是否一样，这便是接下来需要研究的问题。这是因为对于这一系列问题的解答将有助于提供差异化的政策建议，从而促进区域均衡发展。所以，接下来将按照之前的划分标准将中国各省份分为发达地区和欠发达地区两个样本来进行研究。

4.8.1 模型设定

两个地区的实证模型均采用系统矩估计方法，具体形式如下：

$$M_{it} = \alpha_0 + \alpha_1 M_{it-1} + \alpha_2 INS_{it} + \alpha_3 hc_{it} + \alpha_4 open_{it} + \alpha_{54} city_{it} + \alpha_6 inn_{it} + \varepsilon_{it} \quad (4.16)$$

其中，M 分别代表全要素生产率定基指数（TFPD）、技术进步定基指数（TECHD）、纯技术效率定基指数（PECHD）和规模效率定基指数（SECHD）。

4.8.2 样本基本特征描述

表4.12给出了发达地区和欠发达地区各变量描述性统计结果。因变量中，欠发达地区的全要素生产率定基指数（TFPD）、技术进步定基指数（TECHD）和纯技术效率定基指数（PECHD）均高于欠发达地区，而规模经济效率定基指数（SECHD）则低于后者。发达地区的投资黏性（INS）大约占欠发达地区的2/3。四个控制变量中，人力资本（hc）、对外开放水平（open）和城镇化进程均是发达地区处于领先优势，而自主创新能力两者几乎没有差距且均小于0.2，表明中国各区域的自主创新能力均较弱。

表4.12　　　　　　　　　　分地区描述性统计

变量	发达地区			欠发达地区		
	平均值	标准误差	观测值	平均值	标准误差	观测值
TFPD	1.1339	0.1231	132	1.0681	0.0828	187
TECHD	1.0149	0.0285	132	1.0036	0.0317	187
PECHD	1.0088	0.0310	132	1.0066	0.0168	187
SECHD	1.0031	0.0155	132	1.0112	0.0150	187
INS	0.4209	0.1981	132	0.6561	0.2861	187
hc	8.9110	0.9154	132	8.3027	0.5225	187

续表

变量	发达地区			欠发达地区		
	平均值	标准误差	观测值	平均值	标准误差	观测值
open	0.6889	0.4984	132	0.1077	0.0498	187
city	0.5816	0.1670	132	0.4084	0.0814	187
inn	0.1279	0.0898	132	0.1450	0.0578	187

4.8.3 单位根检验与协整分析

在单位根检验过程中，仍采用 LLC 检验、IPS 检验、ADF - Fisher 检验和 PP - Fisher 检验这四种方法进行综合判定，从而保证检验结果真实可信。表 4.13 报告了各变量单位根检验结果。从中可以看出，发达地区与欠发达地区的 $TFPD$、$TECH$、$PECHD$、$SECHD$、INS、hc、$open$、inn、$city$ 9 个变量分别在四种检验方法下至少通过了 5% 水平的显著性检验。因此，可以认定各个变量均是平稳的。

表4.13　　　　　　　　　　单位根检验结果

地区	变量	LLC 检验	IPS 检验	ADF - Fisher 检验	PP - Fisher 检验
发达地区	$TFPD\_fd$	-9.5784***	-1.7651**	54.142***	94.61***
	$TECHD\_fd$	-4.6643***	-1.7454**	46.0461***	62.4204***
	$PECHD\_fd$	-8.5052***	-1.5805**	28.4611*	23.755*
	$SECHD\_fd$	-3.3377***	-2.4583***	40.4278**	57.4145***
	INS_fd	-1.9385***	-4.3928***	68.8505***	119.235***
	hc_fd	-13.8362***	-9.5701**	117.223**	150.056**
	$open\_fd$	-6.8113***	-2.8184***	46.3524***	55.4051***
	inn_fd	-4.3969***	-1.3844*	33.3274*	46.0368***
	$city\_fd$	-1.7353***	-4.5589***	66.1364***	78.922***

续表

地区	变量	LLC 检验	IPS 检验	ADF – Fisher 检验	PP – Fisher 检验
欠发达地区	TFPD_qfd	-7.4584***	-3.963***	66.8358***	88.8991***
	TECHD_qfd	-4.6643***	-1.7454**	46.0461***	62.4204***
	PECHD_qfd	-8.5051***	-1.5805**	28.4611**	23.755*
	SECHD_qfd	-3.3377***	-2.4582***	40.4278***	57.4145***
	INS_qfd	-1.9384***	-4.3927***	68.8505***	119.235***
	hc_qfd	-13.8362***	-9.5701**	117.223***	150.056***
	open_qfd	-6.8113***	-2.8184***	46.3524***	55.4051***
	inn_qfd	-4.3962***	-1.3844*	33.3274*	46.0368***
	city_qfd	-2.0353**	-3.745***	43.4263***	44.6952***

注：*、**和***分别表示通过10%、5%和1%水平的显著性检验，_fd 表示发达地区，_qfd 表示欠发达地区。

接下来仍采用 Kao 检验和 Pedroni 检验两种方法进行协整分析。从表 4.14 可以看出，在这两种检验方法下，无论是发达地区还是欠发达地区的各种变量组合均至少通过了 10% 水平的显著性检验。因此，变量组合之间存在稳定的长期关系。

表 4.14　　　　　　　　　协整检验结果

地区	变量组合	Kao 检验 Kao – ADF 统计量	Pedroni 检验 Panel – ADF 统计量	Group – ADF 统计量
发达地区	TFPD, INS, hc, open, inn, city	-1.8994**	-1.5644**	-3.9248***
	TECHD, INS, hc, open, inn, city	-1.9694**	-1.6788**	-1.8993**
	PECHD, INS, hc, open, inn, city	-3.3229***	-2.8994**	-3.1078**
	SECHD, INS, hc, open, inn, city	-2.1538**	-5.9816***	-5.7054***
欠发达地区	TFPD, INS, hc, open, inn, city	-1.4356*	-4.7521**	-1.2567**
	TECHD, INS, hc, open, inn, city	-2.8684***	-1.6788**	-1.8993**
	PECHD, INS, hc, open, inn, city	-2.8303*	-2.8994**	-3.1078**
	SECHD, INS, hc, open, inn, city	-1.8693**	-5.9816***	-3.7194***

注：*、**、***分别表示通过10%、5%、1%水平的显著性检验。

4.8.4 实证结果

从表4.15的回归结果来看,在这两个地区,投资黏性对于全要素生产率的影响系数均为负值且至少在5%水平上显著。但在同一种方法下,发达地区的系数绝对值要大于欠发达地区,表明投资黏性对于发达地区全要素生产率产生的边际负效用更大。

表4.15 分地区回归结果

变量	一步法矩估计 发达地区	一步法矩估计 欠发达地区	两步法系统矩估计 发达地区	两步法系统矩估计 欠发达地区
常数项	0.0719 [0.1847]	0.2845** [0.1201]	0.1801 [0.1401]	0.3479*** [0.0917]
L1.TFPD	0.7848*** [0.0898]	0.58817*** [0.0754]	0.9175*** [0.1905]	0.5689*** [0.09]
INS	-0.0095** [0.0027]	-0.0071** [0.001]	-0.0109** [0.0051]	-0.0061*** [0.0023]
hc	0.0273** [0.0024]	0.0239 [0.0226]	0.0093 [0.0258]	0.0181 [0.0259]
open	0.0639* [0.0337]	0.3646*** [0.1137]	0.1187** [0.0426]	0.372*** [0.0426]
inn	0.1691** [0.0949]	-0.0989 [0.0693]	0.0571** [0.1107]	0.1048*** [0.0193]
city	0.1129** [0.0528]	-0.1283 [0.1379]	0.1327 [0.1172]	0.1459 [0.1634]
Wald检验P值	0	0	0	0.003
AR(1)			0.0775	0.0581
AR(2)			0.1412	0.886
Sargan检验	0.1443	0.2013	1	1
观测值	120	170	120	170

注:(1) *、**、*** 分别表示通过10%、5%、1%水平的显著性检验,[ ]内为标准误差。(2) Sargan检验的零假设是"工具变量为过度识别",若接受零假设则说明工具变量是合理的。(3) AR(1) 和 AR(2) 检验的零假设分别为模型不存在一阶和二阶自相关。

接下来，将分地区考察投资黏性对全要素生产率分解指标的影响（见表4.16），从表4.16不难看出，在发达地区，投资黏性对技术进步定基指数和规模效率定基指数产生了显著的负向影响，系数分别为-0.0007和-0.0008，但对于技术效率定基指数的影响则并不显著；在欠发达地区，投资黏性对技术进步定基指数和规模效率定基指数的影响并不显著，但对技术效率定基指数的影响则显著为负，系数为-0.0018。

表4.16　　　　　　　　　分地区分指标回归结果

变量	发达地区			欠发达地区		
	TECHD	PECHD	SECHD	TECHD	PECHD	SECHD
常数项	0.1737*** [0.0557]	0.2777*** [0.0457]	0.2393 [0.236]	0.143*** [0.0255]	0.0031 [0.1017]	0.2437*** [0.0908]
L1.TFPD	0.8587*** [0.0545]	0.6908*** [0.0519]	0.75*** [0.2315]	0.9295*** [0.0308]	0.95*** [0.1036]	0.7329*** [0.0944]
INS	-0.0007** [0.0001]	-0.0002 [0.0017]	-0.0008*** [0.0002]	-0.0002 [0.0006]	-0.0018** [0.0007]	-0.0039 [0.0062]
hc	0.0011** [0.0004]	0.0005 [0.0015]	0.0053 [0.0034]	0.0077*** [0.0018]	0.0068*** [0.0019]	0.0024 [0.0014]
open	0.0046*** [0.0014]	0.0005 [0.0015]	0.0014*** [0.0003]	0.011*** [0.0019]	0.0189* [0.0073]	0.019** [0.0099]
inn	0.0308** [0.0089]	0.0162** [0.0077]	0.0084 [0.0079]	0.0186** [0.0032]	0.0142** [0.0051]	0.0085*** [0.0024]
city	0.034 [0.066]	0.0141 [0.089]	0.009 [0.0157]	0.0189 [0.013]	0.0284 [0.0215]	0.0158 [0.0188]
Wald 检验 P 值	0	0	0	0	0	0
AR (1)	0.0461	0.0272	0.0129	0.0017	0.01	0.0363
AR (2)	0.3891	0.1662	0.322	0.7626	0.3544	0.56
Sargan 检验	1	1	1	0.999	1	1
观测值	120	120	120	170	170	170

注：（1）*、**、*** 分别表示通过10%、5%、1%水平的显著性检验，[]内为标准误差。（2）Sargan 检验的零假设是"工具变量为过度识别"，若接受零假设说明工具变量是合理的。（3）AR（1）和 AR（2）检验的零假设分别为模型不存在一阶和二阶自相关。

4.9　本章小结

本章首先利用2002～2012年中国省级面板数据，运用POLS、固定效应模型和随机效应模型等方法，初步研究了投资黏性对全要素生产率的影响，然后采用多种手段对实证结果进行过了稳健性检验。其研究了投资黏性对全要素生产率分解指标影响的差异。最后分地区考察了投资黏性对全要素生产率及其分解指标的影响。实证结果表明：第一，投资黏性对全要素生产率具有显著的负效应；第二，投资黏性对于技术进步指数和规模效率指数的影响显著为负；第三，发达地区的投资黏性对全要素生产率的负向影响要大于欠发达地区；第四，发达地区的投资黏性对技术进步指数和规模效率指数的负向影响显著，但欠发达地区的投资黏性仅仅对纯技术效率指数的负向影响显著。

第 5 章
投资黏性影响因素的实证分析

前一章从多个角度实证考察了投资黏性与全要素生产率之间的关系,发现投资黏性对全要素生产率具有显著的负向影响。因此,为了提高全要素生产率必须采取多种措施降低投资黏性。从式(3.2)可知,直接影响投资黏性计算的因素包括实际投资额、国民生产总值、投资增长率和资本成本率。但这些变量只是投资黏性形成的表层现象,更深层的原因在于微观决策机制和宏观经济环境。在此本书想从深层原因来探讨投资黏性的影响因素。因此,这一章将首先对可能影响投资黏性的因素进行因子分析,选出较为显著的影响因子。然后,利用这些因子与投资黏性进行面板回归,从而详细考察这些因素对投资黏性的影响效果。

5.1 投资黏性影响因素的因子分析

5.1.1 因子分析的基本原理

因子分析法(factor analysis approach)属于降维方法中的一种。在数据分析中,多变量大样本的资料无疑可以为科学研究提供很多有价值的东西,但有时也需要简化数据,即从多变量或大的样本中选择少数几个综合独立的变量,用来具体分析,既降低了分析的难度,又避免了共线性问题对于研究结果准确性的干扰。该方法的基本原理是，将影响事物的众多指标（因素）按照相关性分类，在尽可能保持大部分信息的前提下，把众多指标划分成少数几个不相关的因子，成为公共因子，从而初步筛选出影响事物本质特征的因素。因子分析法的优点在于各个主因子的权重是由其方差贡献率确定的，方差的贡献率越大就说明该因子具有的权重越大，重要性越强。

因子分析法的数学模型一般设定为：

$$\begin{aligned} Y_1 &= \beta_{11}Z_1 + \beta_{12}Z_2 + \cdots + \beta_{1M}Z_M + \phi_1 \\ Y_2 &= \beta_{21}Z_1 + \beta_{22}Z_2 + \cdots + \beta_{2M}Z_M + \phi_2 \\ &\cdots \\ Y_N &= \beta_{N1}Z_1 + \beta_{N2}Z_2 + \cdots + \beta_{NM}Z_N + \phi_N \end{aligned} \tag{5.1}$$

矩阵形式可以表示为：$Y = BX + \phi$。其中，$Y = (Y_1, Y_2, \cdots, Y_N)^T$ 代表初始阶选项的 N 个指标构成的向量；$Z = (Z_1, Z_2, \cdots, Z_M)^T$ 为提取出的公共因子。β_{ij} 称为第 i 个变量在第 j 个公共因子上的负荷，矩阵 B 即为因子载荷矩阵，ϕ 称为 Y 的特殊因子，包含了随机误差。ϕ 的协方差矩阵通常要求为对角矩阵。

下面将简要介绍一下因子分析法的计算步骤。

（1）选择合适的指标。

（2）标准化。将每一个变量均变换成均值为 0，方差为 1 的标准变量。这样做的目的是消除量纲不同可能导致的一些不合理影响。标准化过程如下：

$$Y_i = \frac{X_i - \mu_i}{\sqrt{\delta_i}} \tag{5.2}$$

其中，μ_i 为 X_i 的均值，δ_i 表示 X_i 的方差。

（3）可行性检验。

（4）得出样本的协方差矩阵。

（5）计算特征值及标准特征向量，提取因子。

（6）对于因子进行识别。

因子分析的数学模型，必须选择合适的方法以抽取出变量间的共同因子。抽取共同因子的方法很多，主要有主成分法、未加权最小二乘法、广义最小二乘法、最大似然法、主轴因子法、映像因子法等。本书将选用主成分法提取共同因子。

5.1.2 指标的选取

从第2章的论述中可以看出,投资黏性的形成是一个复杂的过程。影响投资黏性的因素有很多,它不仅局限于微观企业本身,还包括了企业所处的政策、金融以及法制环境等。正是在这些因素的相互作用下,投资黏性才最终产生的。因而,对投资黏性影响因素的分析,必须建立一套完整的指标体系,并就这些因素对于投资黏性的作用进行科学评估,从而找出降低投资黏性的具体途径。本书在构造投资黏性影响因素指标体系时,遵循了以下几个原则:

(1)科学性原则。作为指标体系设置中必须遵循的最基本原则,它要求所选指标有较好的代表性和合理性,主要体现在理论与实践的结合。指标在选择时必须有理有据,并且可以很好地反映评价对象的客观实际情况,无论采用什么样的方法和模型,都要真实完整,科学合理,尽可能地减少误差和失真。

(2)可比性原则。该原则要求选择的投资黏性影响因素指标体系口径必须保持一致,并且具有可比性。该指标不仅可以在各个时期进行比较,而且可以在不同省份之间进行比较。

(3)全面性原则。该原则要求指标体系应该尽可能包括投资黏性的各个影响因素。评价指标体系应能够反映对象的结构、要素及各种因素的关系,从而能对评价对象做出条理清晰的系统分析。

(4)实用性原则。该原则要求所选取的指标应该具有实用性、可行性以及可操作性。首先,在基本保证评价结果客观全面的条件下,指标体系应尽可能地简化。其次,无论定性评价,还是定量评价指标评价,指标所用的数据应该易于采集,并保证其信息来源真实可靠。最后,实行评价过程中的质量控制,即对数据的准确性和可靠性加以控制。

根据以上原则,结合第2章投资黏性形成机制的探讨,本书选取了18个与投资黏性具有一定关系的指标,试图找出影响投资黏性的因子结构。样本范围为2002~2012年29个省份的面板数据。表5.1报告了每个变量的名称、符号及其具体计算过程。

表 5.1　　　　　　　　　　　　指标的设定

变量名称	符号	名称
企业家人数占比	X_1	企业家人数占地区从业人员总数的比值比重
非国有企业家人数占比	X_2	$1 - \dfrac{\text{国有及国有控股企业从业人员数}}{\text{全国从业人员总数}}$
中小企业家人数占比	X_3	中小企业家人数占地区从业人员总数的比重
铁路公路营运总里程占比	X_4	铁路公路营运总里程除以行政区域面积
邮电业务总量占比	X_5	邮电业务量除以 GDP
非国有企业投资占比	X_6	邮电业务量除以地区生产总值
第二产业投资占比	X_7	第二产业增加值除以 GDP
房地产投资占比	X_8	房地产业增加值占 GDP 的比重
外商直接投资占比	X_9	实际利用外商直接投资完成额除以全社会固定资产投资总额
金融中介增长指标	X_{10}	金融机构贷款总额除以 GDP
金融中介效率	X_{11}	非国有企业贷款总额除以 GDP
金融市场化程度	X_{12}	阿比阿德（Abiad）金融抑制综合指数
地方政府财政支出占比	X_{13}	地方财政支出占地区生产总值比重
地方政府消费支出占比	X_{14}	政府消费支出占最终消费支出的比重
企业对外税费负担	X_{15}	利用樊纲（2011）减少企业对外税费负担指数取倒数
结案率	X_{16}	经济类案件结案数除以收案总数
律师人数占比	X_{17}	每万人拥有律师工作人员数
律师事务所数占比	X_{18}	每万人拥有律师事务所数

其中，由于无法准确获取国有企业家人数数据，选用国有及国有控股企业从业人员数来代替，利用表 5.1 中的公式计算非国有企业家人数占比。在衡量金融市场化程度时，选用金融抑制指数来表示。金融抑制的测算方法主要参考了阿比阿德等（Abiad et al.，2008）的做法，选取信贷管制、利率管制、银行业进入限制、金融监管、银行国有化程度、证券市场管制、资本市场监管等七大指标。他们将每个变量得分控制在 0~3 之间，得分越高表示抑制程度越低，即金融市场化程度越高。根据文献传统，本书将每个变量标准

化到 0～1 之间，然后通过加总平均得到金融抑制指标，得分越高表示金融市场化程度越高，其中，1 表示完全市场化，0 表示完全抑制。测算中需要考察的金融政策变化主要依据《中国金融年鉴》等报告中的金融改革大事记。2002～2012 年中国金融市场化指数的变化情况如图 5.1 所示。

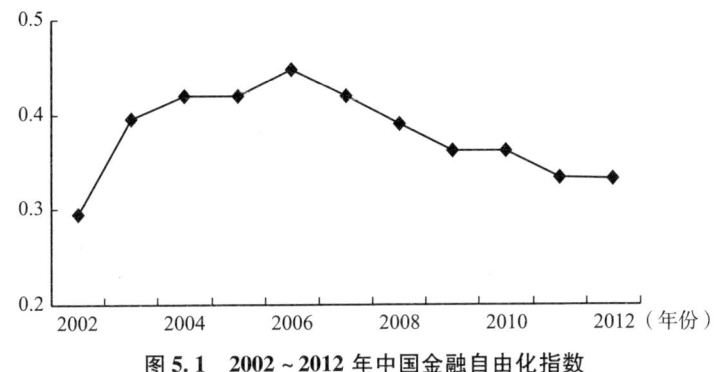

图 5.1　2002～2012 年中国金融自由化指数

资料来源：根据相关年份《中国金融年鉴》等报告，采用阿比阿德等（Abiad et al.，2008）方法计算所得。

在测算金融中介效率时，由于无法获得非国有企业贷款数据，本书利用张军和金煜（2005）、李青原等（2013）的研究思路，基于银行中国有企业信贷比例与国有企业产出份额的密切关系，运用"残差结构一阶自相关"（AR1）的固定效应（FE）面板数据方法估计各地区非国有企业贷款占 GDP 的比重。详细计算过程可参考以上两篇文献，在此不再详细阐述。

以上变量的原始数据主要来自历年《中国统计年鉴》《中国统计摘要》《中国律师年鉴》《中国检察年鉴》《中国中小企业年鉴》《中国市场化指数——各地区市场化相对进程 2011 年报告》，以及 Wind 数据库。对于存在缺失的数据则采用各地区的统计年鉴或者统计公报进行补齐。

5.1.3　因子分析的具体过程

5.1.3.1　描述性统计和标准化

表 5.2 分别从样本数、均值、最小值、最大值和标准差给出了各变量描

述性统计的具体结果。接下来，本书采用式（5.1）对于各变量进行了标准化，并将标准化后的变量分别名为 $Y_1 \sim Y_{18}$。

表 5.2　　　　　　　　　　　描述性统计

变量	样本数	均值	最小值	最大值	标准差
X_1	319	0.0112	0.0036	0.0432	0.0081
X_2	319	0.9197	0.7514	0.9769	0.0540
X_3	319	0.0005	0.0001	0.0021	0.0004
X_4	319	0.6618	0.0347	2.0635	0.4381
X_5	319	0.0599	0.0144	0.1190	0.0228
X_6	319	0.5904	0.2688	0.8156	0.1210
X_7	319	0.4692	0.2060	0.5998	0.0790
X_8	319	0.1783	0.0613	0.5827	0.0951
X_9	319	0.0610	0.0007	0.3901	0.0613
X_{10}	319	1.0774	0.5372	2.5847	0.3691
X_{11}	319	0.6613	-0.2402	2.1173	0.3983
X_{12}	319	0.3796	0.2956	0.4476	0.1144
X_{13}	319	0.2187	0.0269	1.1495	0.2036
X_{14}	319	0.2967	0.1900	0.4790	0.0630
X_{15}	319	0.0768	0.0384	0.2841	0.0314
X_{16}	319	0.9875	0.9685	1.0013	0.0089
X_{17}	319	1.9661	0.1600	12.7035	2.3157
X_{18}	319	0.1369	0.0500	0.8081	0.1258

5.1.3.2　可行性检验和公因子方差比分析

因子分析的前提是各变量之间必须存在较强的相关性。为此，接下来将分别采用 KMO 检验（Kaiser – Meyer – Olkin）和巴特利特球体检验（Bartlett's test of sphericity）两种方法进行相关性分析。表 5.3 给出了因子分析可行性检验的具体结果。从中可以看出，KMO 检验值为 0.735，显著大于通常要求的

0.5，表明各变量之间存在较强的相关性；巴特利特球体检验则顺利通过了 1% 水平的显著检验。因此，利用本书所选取的变量进行因子分析是可行的。

表 5.3　　　　　　　　　KMO 和巴特利特球体检验

检验名称		检验值
取样足够度的 KMO 检验		0.735
巴特利特球体检验	近似卡方	4413.132
	df	153
	Sig.	0.000

表 5.4 给出公因子方差比的分析结果。不难发现，各变量的公因子方差比均超过了 0.7，表明各变量的信息提取比较充分，原始数据的大部分特征得到了保留和体现。

表 5.4　　　　　　　　　　　公因子方差比

变量	初始量	提取量	变量	初始量	提取量
Y_1	1.0000	0.9193	Y_{10}	1.0000	0.8242
Y_2	1.0000	0.7397	Y_{11}	1.0000	0.8182
Y_3	1.0000	0.8715	Y_{12}	1.0000	0.7160
Y_4	1.0000	0.7647	Y_{13}	1.0000	0.7952
Y_5	1.0000	0.7761	Y_{14}	1.0000	0.7933
Y_6	1.0000	0.7538	Y_{15}	1.0000	0.8406
Y_7	1.0000	0.7831	Y_{16}	1.0000	0.7267
Y_8	1.0000	0.8537	Y_{17}	1.0000	0.8036
Y_9	1.0000	0.6202	Y_{18}	1.0000	0.8923

5.1.3.3　因子的提取

采用 SPSS 软件的主成分分析法可以得到各因子的特征值、方差贡献率以及累计贡献度等结果，如表 5.5 所示。其中，"方差的百分比"表示单个因子对方差解释的百分数;"累计百分比"则表示各因子对于总方差的累计解释的百分数。从中可以看出,前6个因子的特征值分别达到了5.774、2.643、1.917、1.576、1.317、1.065,根据特征值大于1的因子提取原则,这6个因子被确定为主因子。这6个主因子的累计贡献度达到了80.402,表明这6个因子对于18个原始变量具有80%以上解释力。本书将这6个因子分别记为F_1、F_2、F_3、F_4、F_5和F_6。

表5.5 累计贡献度结果

成分	初始特征值 合计	初始特征值 方差的百分比(%)	初始特征值 累计百分比(%)	提取的平方和 合计	提取的平方和 方差的百分比(%)	提取的平方和 累计百分比(%)	旋转后提取的平方和 合计	旋转后提取的平方和 方差的百分比(%)	旋转后提取的平方和 累计百分比(%)
1	5.774	32.077	32.077	5.774	32.077	32.077	3.890	21.611	21.611
2	2.643	14.686	46.763	2.643	14.686	46.763	3.173	17.627	39.237
3	1.917	10.650	57.413	1.917	10.650	57.413	2.565	14.248	53.486
4	1.576	8.756	66.169	1.576	8.756	66.169	1.705	9.473	62.958
5	1.317	7.316	73.486	1.317	7.316	73.486	1.687	9.370	72.328
6	1.065	1.916	80.402	1.065	6.916	80.402	1.273	8.073	80.402
7	0.745	4.139	83.541						
8	0.603	3.349	86.890						
9	0.511	2.841	89.731						
10	0.465	2.583	92.314						
11	0.369	2.052	94.367						
12	0.276	1.535	95.902						
13	0.231	1.281	97.183						
14	0.202	1.124	98.307						
15	0.121	0.673	98.980						
16	0.098	0.546	99.526						
17	0.05	0.276	99.802						
18	0.036	0.198	100.000						

5.1.3.4 因子的识别

在确定了主因子之后,需要找出各因子所包含的具体变量,并为各因子赋予经济学意义。为此,接下来本书计算了因子载荷矩阵。需要指出的是,为了使各因子所表示的信息更独立,各因子的高载荷指标更突出,本书对于原始的因子载荷矩阵进行了旋转,旋转后的结果如表5.6所示。根据贡献率大于0.5的原则,本书对于各因子赋予经济学意义。

表5.6　　　　　　　　旋转以后的因子载荷矩阵

变量	成分					
	1	2	3	4	5	6
Y_1	**0.7997**	0.0722	0.1542	0.3184	-0.1426	0.0534
Y_2	**0.5640**	-0.3485	0.2049	-0.06654	0.0183	0.025
Y_3	0.4889	0.3231	0.2007	0.0349	-0.0647	0.1239
Y_4	0.2639	0.4328	0.4475	-0.2491	-0.0692	0.1657
Y_5	0.1386	**0.6729**	-0.0751	-0.0903	0.0387	-0.1647
Y_6	0.0665	0.2004	**0.8196**	-0.1704	0.0283	0.0874
Y_7	-0.1529	0.3139	0.2805	0.0791	-0.1083	0.1452
Y_8	0.1217	0.3676	0.1894	-0.003	0.0114	0.0862
Y_9	0.1698	0.07251	-0.248	-0.0104	0.0613	0.0176
Y_{10}	0.3234	0.2992	-0.0374	0.226	-0.0293	-0.0576
Y_{11}	0.2435	0.4679	0.1748	-0.042	**0.8283**	0.0549
Y_{12}	-0.1538	0.0597	0.0657	0.0843	**0.8175**	0.0952
Y_{13}	0.2323	-0.2652	0.1431	0.1508	-0.0273	-0.1791
Y_{14}	0.0286	-0.131	0.0607	**0.8783**	0.0089	-0.0118
Y_{15}	0.0644	-0.0272	0.1339	**0.8985**	0.0901	-0.0497
Y_{16}	0.037	0.06	-0.3782	-0.0413	0.0603	**0.5065**
Y_{17}	0.4582	-0.0769	0.2104	0.1796	-0.0927	**0.709**
Y_{18}	0.1737	0.3165	0.1821	0.385	-0.0068	0.1095

F_1 主要由企业家人数占比（X_1）和非国有企业家人数占比（X_2）来决定，贡献率分别为 0.7997 和 0.5640。由于企业家资源内部存在一个竞争机制，伴随着企业家人数的增加，市场会通过企业家的表现选拔出优秀的企业家，淘汰拙劣的企业家。从这个意义上说，企业家群体的壮大，伴随的是企业家技能的竞争机制的筛选，企业家人数占比以及非国有企业家人数占比越大意味着地区企业家职能越强（郑江淮，2009）。因此，F_1 可以称为企业家职能。

F_2 主要由邮电业务量占比（X_5）决定，贡献率大于 0.6。随着邮电业务的发展，信息获取的成本不断降低，信息获取更加及时，更加便捷。此时，各企业之间，企业内部信息的共享程度增强，意味着该地区信息化整体水平上升。因此，F_2 被定义为信息化水平。

在第三主因子中，非国有企业投资占比对于 F_3 的解释程度达到了 0.8196，其他变量的贡献率均低于 0.5。因此，F_3 仅包括非国有企业投资占比这一个指标。目前，国有企业仍存在政企不分、公司治理结构不完善等问题，导致其未真正成为名副其实的企业，但仍具有一定的政府色彩。国有企业投资在一定程度上可以看成政府投资。而非国有企业投资占比则可以看成市场化投资水平。非国有企业投资占比越大意味着市场在投资决策中的作用越强。因此，该因子被命名为市场化投资水平。

F_4 的变化明显来自政府消费支出占比（X_{14}）和企业对外税费负担（X_{15}）的变动，两者的贡献率均超过了 85%。政府消费占比代表了政府对于消费市场的干预程度，而企业对外税费负担则反映了政府对于企业的干预程度。因此，F_4 被命名为地方政府干预程度。

F_5 主要由金融中介效率（X_{11}）和金融市场化程度（X_{12}）所决定，贡献率分别为 0.8283 和 0.8175。这两个变量映了金融环境的变化状况，随着这两个变量的不断变大，金融资源配置效率不断上升。因此，F_5 被命名为金融环境。

F_6 与结案率（X_{16}）和律师人数占比（X_{17}）具有较高的相关性，贡献率均超过了 0.5，而这两个变量通常代表某一地区法治水平的高低。因此，F_6 被命名为法治水平。

根载荷矩阵的结果，可以得到因子的矩阵方程表示如下：

$$F_1 = 0.7997Y_1 + 0.564Y_2$$
$$F_2 = 0.6729Y_5$$
$$F_3 = 0.8196Y_6$$
$$F_4 = 0.8783Y_{14} + 0.8985Y_{15}$$
$$F_5 = 0.8283Y_{11} + 0.8175Y_{12}$$
$$F_6 = 0.5065Y_{16} + 0.709Y_{17} \tag{5.3}$$

根据因子分析的结果，本书已经找出了影响投资黏性变化的六类因子，但这些因子对于投资黏性影响的具体程度和显著性并不清楚。因此，有必要从理论和实证两个方面深入分析这几类因子对投资黏性产生的具体效用。

5.2 投资黏性影响因素的理论分析

5.2.1 企业家职能

在社会主义市场经济条件下，是否投资、投资多少、在什么地方投资、投资什么产品归根结底要由企业来决定。而企业能否及时做出科学的投资决策，关键在于企业家。因而，有必要深入分析企业家职能和投资活动两者之间的关系。根据萨伊（1803）在《政治经济学概述》中的论述，企业家职能指将劳动、资本、土地等要素组合进行生产，使得经济资源从较低的生产率水平提升到较高的生产率水平，从而能生产出更多的东西。一般来说，企业家职能主要通过以下几个方面作用于投资黏性：

首先，当企业家具有敏锐的洞察力和较强的分析判断能力时，便可以及时发现市场中新的投资机会并对新项目投资的可行性做出科学的判定。其次，当企业家具有较强的决策能力时，面对新的投资机会，在发现其具有较高的投资价值时，企业会及时地进入新市场，开展投资活动。最后，对于企业来说，风险和机遇总是并存的，这就要求企业家必须掌握市场运行的基本规律。能力较强的企业家在经营过程中通常有防患于未然的强烈意识，会提前对未来投资中可能遇到的危险做出预测和估计，从而建立起风险防范体系。一旦发现投资的成本大于收益等糟糕的状况发生，便会及时地停止投资，防止产生更大的损失。而能力较弱的企业家可能在沉没成本谬误等错误观念影响下，继续加大投资，导致投资的供给增加，但投资效率低下。

由此可见，企业家职能体现了企业家对于投资机会的把握程度，针对经济体系中的各种不均衡，重新配置企业资源，从而影响到投资供给的变化（郑江淮，2009）。而对于优秀的企业家来说，由于企业家职能较强，投资供给的黏性较小。所以，企业家职能与投资黏性成负相关关系。

5.2.2 信息化水平

信息化通常指随着社会生产力的发展，采用信息技术等手段，更有效地利用信息资源，加快经济部门之间、企业之间以及企业内部的信息沟通，从而促进企业的技术改造和投资决策调整，推动国民经济发展。可见，信息化主要通过改变信息，尤其是与投资相关信息的获取途径作用于投资黏性。具体来说：

（1）信息化可以跨地理空间、行政阻隔，加快信息在各经济主体之间的传播速度，有助于实现信息资源共享。当前，随着计算机、邮电通信设施的不断完善，获取信息的渠道得到拓宽，获取信息的成本不断下降。此时，企业可以和其他各方进行及时有效地沟通交流，迅速掌握市场供求关系的变化、价格波动、竞争对手的情况以及新技术应用等相关信息。通过对这些信息进行分析总结，企业可以做出科学的决策，确保投资供给可以及时与市场保持一致，投资供给的弹性增强，投资效率提高（谢玉先，2008）。

（2）及时提供新的投资机会，既降低了原有行业的投资供给黏性，又增加了新行业的投资弹性。在竞争市场下，投资的供给和需求总是处于动态调整之中，不同行业，不同产品的投资的供给和需求并不一致。假设行业 A 的投资需求为 I_1，投资供给为 I_2，且 $I_1 < I_2$，则明显说明行业 A 存在投资过度。此时，投资者最明智的做法是从行业 A 及时撤出部分资本，从而保证投资的供需保持均衡。但在投资者并未发现新的投资领域时，投资者可能并不会马上撤出资金，从而导致该行业出现投资供给黏性。但随着信息化程度的提高，投资者获得新的投资信息更多、更全面。假定投资者发现行业 B 的市场需求

还未饱和或者还没有投资者进入。此时，投资者会果断地将资金从行业 A 转移到行业 B。此时，不仅行业 A 的投资供给黏性大大降低。行业 B 投资供给的弹性也大大增强，从而导致整个经济系统的投资供给黏性大大降低。

综上所述，信息化水平的提高会显著降低投资黏性。

5.2.3 市场化投资水平

资源配置的宏观层次是如何在不同企业、不同产业、不同地区之间分配资源。投资体制是否合理关键在于，每一种资本是否已经被有效地配置于其最适宜的地方，即是否实现了经济效用最大化。经济学理论表明，政府和市场是社会资源配置的两种基本手段。政府作为一种人为地秩序，主要是弥补市场手段的不足，真正起决定性作用的还应该是市场。

各种经济学理论也表明，市场经济在实现资源配置方面更为有效。其优越性在于：市场经济可以通过价格机制、竞争机制、供求机制等手段来配置资源。随着价格的涨落，及时、准确、灵活地反映市场的供需关系变化，从而传递供求信号，实现资源的优化配置。因此，市场化的投资体制下，生产什么、如何生产、怎样生产均是投资者在综合分析投资成本和投资环境下做出的最优决策，随着市场化改革进程的加快，资源配置效率会得到极大地改善（樊纲、王小鲁和马光荣，2011）。因此，在市场这只无形的大手指挥下，企业会选择生产成本最低的生产技术，生产利润最大的产品。在完全竞争市场条件下，当某行业具有较大的利润时，资本会及时从其他低利润行业向该行业进行流入。因而，企业投资的规模总能及时的与市场实际需求量保持一致，产业投资结构的调整也比较及时，投资黏性自然较小。

对于政府来说，投资并非其主要职能，除公共品以外，其他产品的投资都应该交给市场来完成。遗憾的是，当前政府投资范围界定并不清楚，一些本属于市场投资的领域，却处在政府的控制之下。与企业家相比，政府官员的决策能力比较有限，对于投资项目可行性的论证也不够充分，从而导致其无法像企业那样，根据市场的供求关系的变化及时调整投资的规模。更为严重的是，我国之前实行"唯 GDP 考核机制"，经济增长率、财政收入是官员能否得到晋升的重要考核指标。地方政府存在强烈的投资冲动。于是，便会出现一些没有考虑市场需和投资成本,强行上马的大项目,投资的供给和需求很难达到一致,也无法产生显著的经济效益(聂方红,2006)。

因此,市场化的投资体制有利于降低投资黏性,即随着非国有企业投资占比的增加,投资黏性会逐渐降低。

5.2.4 地方政府干预程度

在发达的市场经济条件下,政府主要是为市场经济参与者提供服务。比如为企业投资者提供行业资讯、帮助投资者扩大投资范围以及解决市场信息不对称等问题。只有在企业不愿意或无能力去投资某项领域时,政府才作为投资主体出现,弥补市场失灵。可见,市场是市场经济条件下实现资源配置的主要手段,政府仅仅起到辅助作用,为投资主体创造一个公平竞争的环境(张功富,2011;向杨,2012)。

随着经济体制改革的推进,企业在投资中的地位虽然日益得到强化,但各种类型的投资与政府,特别是地方政府之间存在千丝万缕的关系,甚至直接受到政府不同程度的驱使和左右,导致其还未真正成为面向市场的竞争主体(郝颖,2011)。地方政府对于投资活动的干预主要体现在三个方面。

首先,地方利用行政审批权力,对于投资项目进行"筛选"。中国长期实行"唯 GDP 考核机制"。因此,为了得到晋升的机会,地方政府官员对一些规模大、见效快的项目更加青睐,"跑资金""争项目"成为各级地政府最主要的活动(师博,2013)。于是,他们便利用手中的权力,为这些企业提供土地、税收等方面的优惠,鼓励企业进行投资。由于这些项目先天带有一定的盲目性,未充分考虑市场需求(孙犇,2012)。当产品的需求已经完全饱和时,企业在政府的推动下可能并不会及时降低投资速度,从而导致投资供给调整滞后。其次,地方政府对于经济的干预会强化政府职能,导致政府机构过度扩张。突出表现是政府工作人员增多、政府管理层级增加、信息传递缓慢且容易扭曲,从而导致工作效率低下,干扰了企业对于投资时机的把握。市场上的信息总是瞬息万变,这一刻还是利润丰厚的投资项目,下一刻可能已经不具备投资价值。因而,必须对投资调整的时机进行准确把握。当企业发现较好的投资项目时，如果及时进入市场，便可以获得较高的收益。但由于政府办事效率低下，企业可能无法及时完成审批手续，从而错失了投资机会。这样不仅新项目投资无法及时得到增加，而且企业也只能固守在原来的投资领域。最后，政府对投资活动的干预会导致垄断行业的出现。由于政府通过许可证、执照等行政手段限制企业对特定行业的进入，从而使得这些行业产生垄断现象。在垄断市场下，投资者对投资供求关系的关注度自然要低于完全竞争市场。因此，投资供给的弹性会大大降低。

综合以上方面，不难看出，地方政府的不当干预会干扰市场的自我调节作用，导致投资黏性上升。

5.2.5　金融环境

作为现代市场经济的核心，良好的金融市场可以通过利率等价格工具，为潜在投资者提供必要和及时的信息，对于经济平稳运行意义重大。在较高的金融自由化水平下，金融信息更为公开、透明，可以准确地反映市场的供求关系，形成更为有效的价格调控系统（钟娟，2013）。新古典经济学价格理论认为，利率作为资金价格可以对市场资源进行有效地调节和引导，促进各市场参与主体之间在竞争之中达到瓦尔拉斯均衡，从而使金融资源配置达到帕累托最优（李青原，2013）。

经过多次金融体制改革，中国金融自由化水平得到了有效提升，但一些金融工具仍未真正实现市场化运行，金融抑制现象突出。首先，由于实行利率管制，名义利率无法真实反映供给与需求之间的关系，资金价格受到扭曲，更无法引导资金的合理流动。其次，信贷市场管制导致银行无法真正按照效益性、安全性、流动性原则发放贷款。由于银行与国有企业产权关系模糊，银行既要考虑政治利益，又要考虑经济利益。在这双重目标下，银行未真正实现"导管"作用。如过多的贷款流向国有企业。据统计，目前我国占企业总量0.5%的大型国企拥有50%以上的贷款份额，地方融资平台贷款大约占比10%，这些贷款中的20%属于低效贷款（张茉楠，2011）。在金融抑制政策下，金融市场处于分割状态。不同的投资主体受到的"待遇"具有显著差异。

而随着金融环境的优化，投资黏性会大大降低，主要表现在：第一，融资市场中的信息不对称现象大大减少，信息黏性大大降低。由于信息不对称的存在，企业经理很难及时向外部投资者传递该项目的质量信息，导致企业无法以合理的代价获得投资所需的资金，从而不得不放弃投资。但在良好的金融市场下，当企业具有较好的投资项目时，便可以将该消息传递给投资者，并从资本市场中以适当的资金成本获得所需的投资资金。第二，利率黏性降低。利率作为资金价格，会影响到投资的供给和需求。而利率黏性的存在会大大推迟投资规模的调整时间，导致投资决策滞后于市场需求。随着利率黏性下降，利率变动的弹性增强，利率对于市场的反应更加及时，随着利率的变化，投资供给的弹性也大大增强。

5.2.6　法治水平

健全并相对稳定的法律法规是保护投资者利益、约束投资者行为的重要保证，对于投资黏性会产生不可低估的影响。健全的投融资法制包括银行法、票据法、证券交易法、财政法、公司法、所得税法、企业债券管理条例等法律法规。这些法律法规从不同角度制约着企业的筹资活动，规范不同经济类型企业的融资渠道。（Hail & Leuz，2005）。

随着法制环境的优化，企业的投资活动日益规范，主要表现在：第一，公司治理机制可以有效制约经理人和大股东的代理问题，从而更好地发挥监督作用。目前，中国的上市企业大多属于金字塔形，存在较为普遍的控制权与现金流权分离情况。于是，大股东可能利用控制权，迫使公司做一些利己但损害公司价值的投资项目。此外，大股东占用公司资金较多，可能导致企业正常的投资活动受到抑制（李增泉，2004）。在健全的法制环境下，这些问题将得到有效地解决。第二，有效减少公司自由现金流的过度投资。随着企业外部投资者得到较好的法律保护，公司的利润被及时地以红利或者利息的形式返还给投资者，而不是被内部人剥夺。随着自由现金流的减少，公司过度投资的概率大大降低（肖珉，2010）。第三，拓阔了外部融资渠道，降低了投资的融资约束。在良好的法治环境下，信贷市场可以得到稳步的发展，企业的权益投资成本会大大降低，融资约束得到有效缓解。第四，预算软约束问题得到有效解决。由于中国处于经济转型时期，政府会对经营困难的企业，尤其是国有企业重组、偿还债务甚至逃脱银行债务提供帮助。所以，一些企业在投资时，并不能对于产品的供求关系、利率等影响投资收益的因素进行科学的评估，导致投资的供给对于市场需求、利率等因素缺乏弹性，投资失败的可能性增大（刘熠辉，2007）。随着法治水平的提高，金融主体的产权得到有效保护，信用欺诈和逃废金融债务等行为得到有效遏制，投资供给的弹性大大增强。所以，法治水平与投资黏性呈负相关。

不难看出，投资黏性是企业效应、市场效应、政策效应等多方面因素综合作用的结果。

5.3 投资黏性影响因素的实证分析：总体检验

5.3.1 变量定义与数据来源

根据前面投资黏性影响因素的理论分析，本章的被解释变量为投资黏性系数，解释变量包括企业家职能、信息化水平、市场化投资水平、地方政府干预程度、金融环境、和法治水平等6个指标。其中，投资黏性系数采用第3章的测算结果，各解释变量利用式（5.2）计算所得。

5.3.2 模型设定

本书采用以下模型考察各因素对投资黏性的影响。

$$INS_{it} = \alpha_0 + \alpha_1 F_{1it} + \alpha_2 F_{2it} + \alpha_3 F_{3it} \\ + \alpha_4 F_{4it} + \alpha_5 F_{5it} + \alpha_6 F_{6it} + \varepsilon_{it} \tag{5.4}$$

其中，下标 i 和 t 分别代表省份和时间，INS 表示投资黏性，F_1 表示企业家职能，F_2 表示信息水平，F_3 表示市场化投资水平，F_4 表示地方政府干预程度，

F_5表示金融环境，F_6表示法治水平。此外，为了考察各因素对投资黏性影响的滞后效应，本书还分别采用各解释变量滞后1期、滞后2期的数值替换掉当期值与投资黏性进行回归。

5.3.3 相关性检验与初步分析

表5.7为各变量的相关性分析结果。从相关性检验结果来看，企业家职能、信息化水平、市场化投资水平、金融环境和法治水平与投资黏性的相关系数均为负值且在5%检验水平上显著，表明随着这5个变量的不断上升，投资黏性会不断下降。而地方政府干预程度则与投资黏性成正比，则说明地方政府的干预会导致投资黏性水平上升。

表5.7　　　　　　　　　　相关性检验结果

变量	F_1	F_2	F_3	F_4	F_5	F_6
INS	-0.6587**	-0.6799**	-0.2503***	0.6542***	-0.2215**	-0.6947**
F_1	1	0.7007**	-0.5793	-0.029**	0.3928	0.4544*
F_2		1	-0.0561	-0.4307*	0.0566*	0.5562***
F_3			1	0.5394*	-0.5285	0.3535
F_4				1	-0.2979**	0.4707
F_5					1	-0.2407
F_6						1

注：*、**、***分别表示通过10%、5%、1%水平的显著性检验。

接下来，本书还通过分别描绘各解释变量与投资黏性的二维散点图，对于它们之间的关系进行初步分析。从图5.2至图5.7可以看出，各变量与投资黏性的拟合直线斜率正负号均与表5.7相符。从而初步证明了各变量对于投资黏性影响的理论假说。

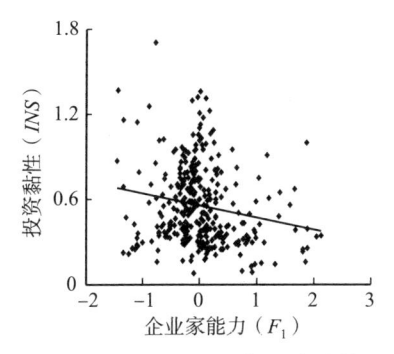

第5章 | 投资黏性影响因素的实证分析

图5.2 企业家职能与投资黏性

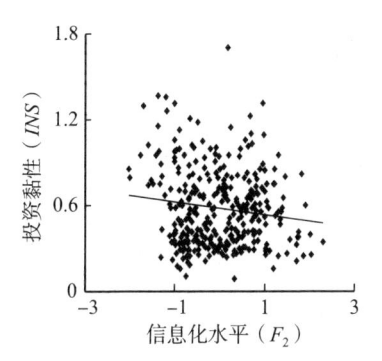

图5.3 信息化水平与投资黏性

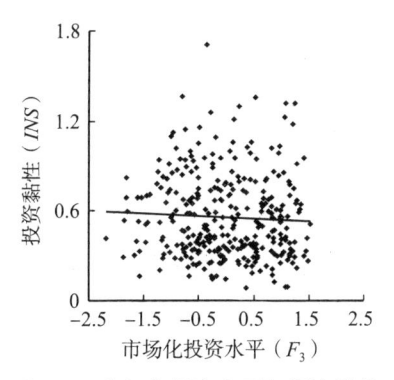

图5.4 市场化投资水平与投资黏性

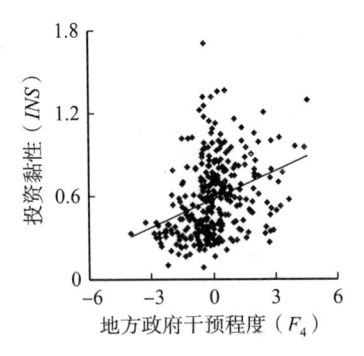

图 5.5　地方政府干预程度与投资黏性

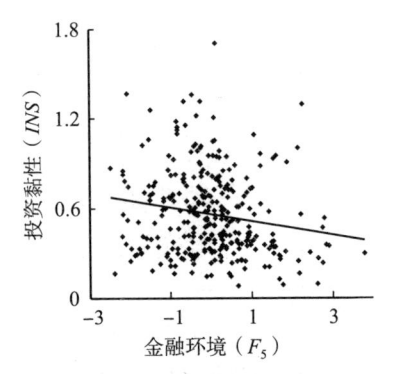

图 5.6　金融环境与投资黏性

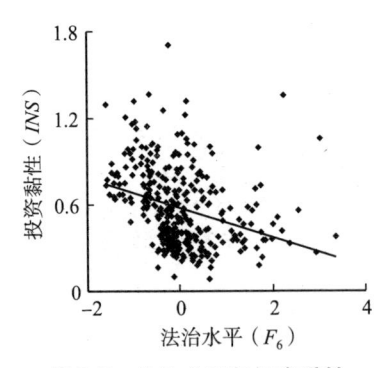

图 5.7　法治水平与投资黏性

5.3.4 单位根检验与协整分析

表 5.8 报告了各变量单位根检验结果。其中，投资黏性与 6 个解释变量均至少在 10% 水平下顺利通过了 LLC、IPS、ADF – Fisher 和 PP – Fisher 等四种方法检验，表明各变量均是平稳的。

表 5.8　　　　　　　　　　单位根检验结果

变量	LLC 检验	IPS 检验	ADF – Fisher 检验	PP – Fisher 检验
F_1	-5.2765 ***	-2.5147 **	71.6397 ***	72.5947 ***
F_2	-11.8261 ***	-5.8069 ***	137.589 ***	138.691 ***
F_3	-56.9027 ***	-15.4144 **	265.213 **	537.094 **
F_4	-8.4357 ***	-2.0318 **	82.6001 **	142.5 ***
F_5	-14.0208 ***	-5.1646 ***	123.518 ***	105.662 ***
F_6	-15.1945 ***	-3.9375 ***	121.531 ***	135.891 ***

注：*、**、*** 分别表示通过 10%、5%、1% 水平的显著性检验。

表 5.9 显示，投资黏性和 6 个解释变量不仅在 1% 的检验水平下通过了 KAO 检验，还顺利通过了 Pedroni 检验。因此，投资黏性与 6 个解释变量之间存在稳定的长期关系。

表 5.9　　　　　　　　　　协整检验

变量组合	Kao 检验	Pedroni 检验	
	Kao – ADF 统计量	Panel – ADF 统计量	Group – ADF 统计量
$INS, F_1, F_2, F_3, F_4, F_5, F_6$	-6.8371 ***	-13.6063 ***	-14.5786 ***

注：*、**、*** 分别表示通过 10%、5%、1% 水平的显著性检验。

5.3.5 回归结果

表 5.10 为初步回归结果。鉴于各解释变量与投资黏性之间可能存在滞后

效应，表 5.10 后两列还分别给出滞后 1 期、滞后 2 期的解释变量与投资黏性的回归结果。在当期回归结果中，LM 检验为 0.54，未通过 10% 水平的显著性检验。因而采用面板混合最小二乘法（POLS）进行回归。各解释变量的系数中，企业家职能、信息化水平、市场化投资程度、金融环境和法治水平的系数均为负值，与预期一致，但企业家职能的系数显著性较低，仅通过 10% 水平的显著性检验；地方政府干预程度的影响系数为正值，并通过了 1% 水平的显著性检验。当采用滞后 1 期的解释变量重新进行回归时，LM 检验为 54.77，并且在 1% 检验水平下显著，表明随机效应比混合回归更为准确。Hausman 检验 P 值为 0.453，表明个体效应并不明显，所以应该采用随机效应进行回归。此时，企业家职能的系数仍为负值，但未通过 10% 水平的显著性检验。其他解释变量系数符号与显著性没有明显变化。当采用滞后 2 期的解释变量与当期投资黏性进行回归时，LM 检验统计量为 2 且在 5% 检验水平下显著，表明随机效应比混合回归结果更为准确。Hausman 检验 P 值为 0.0003，意味着固定效应比随机效应更合适。在该模型下，企业家职能和信息化水平对于投资黏性影响系数均不显著，而市场化投资程度、金融环境和法治水平的影响系数则至少在 5% 检验水平下显著为负。地方政府干预的系数在 5% 水平上显著为正。

表 5.10　　　　　　　　　　初步回归

变量	当期（POLS）	滞后 1 期（RE）	滞后 2 期（FE）
F_1	-0.0389 * [0.0172]	-0.0569 [0.0745]	-0.0091 [0.8935]
F_2	-0.0311 *** [0.014]	-0.0021 *** [0.0008]	-0.0409 [0.0464]
F_3	-0.1212 *** [0.0306]	-0.0308 ** [0.0035]	-0.0047 *** [0.0009]
F_4	0.0574 *** [0.0168]	0.0052 *** [0.0013]	0.035 ** [0.0028]
F_5	-0.052 *** [0.0125]	-0.0192 ** [0.0088]	-0.007 ** [0.0009]

续表

变量	当期（POLS）	滞后1期（RE）	滞后2期（FE）
F_6	-0.0784 ** [0.0044]	-0.0065 *** [0.0002]	-0.04 ** [0.0026]
常数项	0.5787 *** [0.0117]	0.5576 *** [0.0146]	0.5788 *** [0.0209]
横截面效应	YES	YES	YES
时期效应	YES	YES	YES
LM 检验	0.54	54.77 **	2 **
Hausman	0.0001	0.453	0.0003
F 值	29.08 ***	8.9701 ***	7.9354 ***
R^2	0.3806	0.1886	0.1885

注：(1) *、**、*** 分别表示通过10%、5%、1%水平的显著性检验，[ ]内为标准误差。(2) POLS、FE 和 RE 分别表示混合面板最小二乘法、固定效应和随机效应，LM 检验的零假设是误差项独立同分布，若拒绝零假设则说明存在随机效应，Hausman 检验的零假设是 FE 和 RE 的估计系数没有系统性差异。

为了保证实证结果更为严谨可靠，本章还采用系统矩估计和 FMOLS 进行了稳健性检验，如表 5.11 所示。

表 5.11　　　　　　　　　　稳健性检验

变量	系统矩估计 （一步法）	系统矩估计 （两步法）	FMOLS
F_1	-0.224 *** [0.0615]	-0.2106 *** [0.0381]	-0.0385 * [0.0181]
F_2	-0.0224 ** [0.0015]	-0.024 ** [0.0106]	-0.0479 *** [0.0152]
F_3	-0.1473 *** [0.0329]	-0.1408 *** [0.0162]	-0.1034 *** [0.0186]
F_4	0.0939 ** [0.0285]	0.0977 ** [0.0099]	0.0504 *** [0.01]

续表

变量	系统矩估计（一步法）	系统矩估计（两步法）	FMOLS
F_5	-0.3129** [0.0249]	-0.3077** [0.01]	-0.0457** [0.0147]
F_6	-0.1123*** [0.0309]	-0.1175*** [0.0139]	-0.0657** [0.0165]
L1. INS	-0.4721*** [0.0493]	-0.4766*** [0.0141]	
常数项	0.89094*** [0.0308]	0.8884*** [0.0143]	
AR（1）		0.0005	
AR（2）		0.43	
Sargan 检验	0.457	0.9985	
Wald	515.7***	4019.92***	
观测值	290	290	
R^2			0.3068

注：(1) *、**、*** 分别表示通过10%、5%、1%水平的显著性检验，[ ]内为标准误差。(2) Sargan 检验的零假设是"工具变量为过度识别"，若接受零假设则说明工具变量是合理的。(3) AR（1）AR（2）检验的零假设分别为模型不存在一阶和二阶自相关。(4) L1 代表一阶滞后。

在一步法系统矩估计的回归结果中，Sargan 过度识别检验 P 值为 0.457，表明工具变量选择是合适的。Wald 检验值在 1% 检验水平上显著，表明整个模型拟合较好。各解释变量的系数符号不仅与前文保持一致，而且均至少在 5% 水平上显著。两步法矩估计的结果与一步法矩估计回归没有较大差别。残差序列相关性检验中，AR（1）在 1% 水平上显著，而 AR（2）的 P 值为 0.43，表明模型的误差项不能存在序列自相关。Sargan 检验值达到 0.9985，表明工具变量是有效的。总体来看，系统矩估计的结果与前面回归结果基本保持一致。在 FMOLS 回归结果中，除企业家职能（X_1）系数显著性较低以外（仅通过 10% 水平的显著性检验），其他 5 个解释变量的影响系数至少在 5% 检验水平上显著，并且符号保持不变。

综合以上两种模型估计结果，本章的回归结果是稳健的。

5.4 投资黏性影响因素的实证研究：区域比较

5.4.1 两地区样本的基本特征

表 5.12 从均值、标准误差和观测值三个方面报告了发达地区与欠发达地区各变量的基本特征。其中，发达地区的企业家职能、信息化水平、市场化投资程度、金融环境和法治水平的均值均为正值，而欠发达地区相对应的数值则为负值，表明发达地区在这几个变量上要大于欠发达地区。在地方政府干预程度的比较上，则欠发达地区要高于发达地区，表明欠发达地区地方政府对于经济的干预程度更大。

表 5.12　　　　　　　　　　分地区描述性统计

变量	发达地区 平均值	发达地区 标准误差	发达地区 观测值	欠发达地区 平均值	欠发达地区 标准误差	欠发达地区 观测值
F_1	0.4353	0.2043	132	−0.2660	0.2826	187
F_2	0.2613	0.6929	132	−0.1597	0.3698	187
F_3	0.2988	0.8207	132	−0.1826	0.8208	187
F_4	−0.0368	0.7883	132	0.0602	0.7858	187
F_5	0.5718	1.0381	132	−0.3495	1.5050	187
F_6	0.2886	1.1373	132	−0.1764	0.8473	187

5.4.2 单位根检验与协整分析

表 5.13 为单位根检验结果。两个地区的各个变量均至少通过了 10% 水平的显著性检验，是平稳的。接下来采用 Kao 检验和 Pedroni 检验两种方法分别进行协整分析。从表 5.14 可以看出，在这两种检验方法下，无论是发达地

区还是欠发达地区的各种变量组合均通过了1%水平的显著性检验。因此，变量组合之间存在稳定的长期关系。

表5.13 单位根检验

变量		LLC 检验	IPS 检验	ADF – Fisher 检验	PP – Fisher 检验
发达地区	INS	-1.9385***	-4.3928***	68.8505***	119.235***
	F_1	-1.4066**	-7.8642***	103.367***	124.217***
	F_2	-4.7239***	-1.4296*	56.6948**	49.289***
	F_3	-1.7306***	-5.78223***	113.881***	222.246***
	F_4	-7.9514***	-3.7326***	56.5986***	68.426***
	F_5	-3.2948***	-3.3339***	51.1804***	51.0887***
	F_6	-3.3113***	-1.8055**	40.2723**	50.4447***
欠发达地区	INS	-1.9384***	-4.3927***	68.8505***	119.235***
	F_1	-3.1211***	-6.8039***	116.936***	135.246***
	F_2	-6.6822***	-2.3315**	51.4818**	107.809**
	F_3	-2.8349***	-5.5829***	161.332***	314.848***
	F_4	-7.2097***	-2.3423**	55.0396***	104.26***
	F_5	-8.3177***	-3.83237***	72.3381***	64.5733***
	F_6	-10.5649***	-3.5043***	81.2584***	105.447***

注：*、**、***分别表示通过10%、5%、1%水平的显著性检验。

表5.14 协整检验结果

变量组合		Kao 检验	Pedroni 检验	
		Kao – ADF 统计量	Panel – ADF 统计量	Group – ADF 统计量
发达地区	$INS, F_1, F_2, F_3, F_4, F_5, F_6$	-3.7543***	-7.6132***	-11.1595***
欠发达地区	$INS, F_1, F_2, F_3, F_4, F_5, F_6$	-2.9021**	-6.6335***	-10.2782***

注：*、**、***分别表示通过10%、5%、1%水平的显著性检验。

5.4.3 实证结果

表5.15给出了分地区回归结果。从中可以看出，这两各地区各变量对投资黏性的影响系数符号均与全国总样本的实证结果保持一致，但变量系数的显著性却存在较大差异。具体来看，市场化投资水平、地方政府干预程度和法治水平对投资黏性的影响系数符号与总样本的回归结果保持一致，三者均通过了5%水平的显著性检。发达地区的投资黏性还受到企业家职能的负向影响（通过了5%水平的显著性检验），但信息化水平和金融环境的影响并不显著。在欠发达地区，金融环境的影响在5%水平上显著，但企业家职能和信息化水平的影响并不显著。从各统计量来看，残差序列相关性检验中，两地区AR（1）的P值小于10%，而AR（2）的P值均大于10%，表明模型的误差项不能存在序列自相关。Sargan检验值均大于10%，表明工具变量是有效的。总体来看，系统矩估计的结果是可信的。因此，两地区的回归结果是稳健的。

表5.15　　　　　　　　　　分地区回归结果

变量	发达地区	欠发达地区
F_1	-0.0207** [0.0042]	-0.1422 [0.1994]
F_2	-0.0474 [0.0334]	-0.0089 [0.0204]
F_3	-0.0408** [0.0135]	-0.0697*** [0.0124]
F_4	0.0363*** [0.0156]	0.036** [0.012]
F_5	-0.0559 [0.0419]	-0.046** [0.0178]
F_6	-0.0941** [0.0427]	-0.0426*** [0.0060]

续表

变量	发达地区	欠发达地区
L1. INS	0.8232 [0.8884]	0.2742 *** [0.0711]
常数项	0.1641 [0.3453]	0.495 *** [0.0733]
AR（1）	0.0425	0.0108
AR（2）	0.9178	0.3812
Sargan 检验	1	1
Wald	90.45 ***	117.5 ***
观测值	120	170

注：(1) *、**、*** 分别表示通过10%、5%、1%水平的显著性检验，[ ]内为标准误差。(2) Sargan 检验的零假设是"工具变量为过度识别"，若接受零假设则说明工具变量是合理的。(3) AR（1）AR（2）检验的零假设分别为模型不存在一阶和二阶自相关。(4) L1 代表一阶滞后。

这里需要特别指出的是，市场化投资程度、地方政府干预程度和法治社会对于投资黏性的影响在两个地区均显著，结合之前总样本的回归结果，可以认定投资黏性的变化是在这三个因素联合作用下发生的。因此，要降低投资黏性，必须首先从这三个因素入手，只有这样才能真正降低投资黏性，提高经济增长质量。但我们也必须意识到投资黏性影响因素的区域差异，针对不同地区采取差别化的经济政策。关于具体的政策建议将在下一章给出。

5.5 本章小结

本章首先将18个影响投资黏性变化的经济指标进行因子分析，从而找出了影响投资黏性变化的六类公共因子。然后，从理论和实证两个方面深入分析企业家职能、信息化水平、市场化投资水平、地方政府干预程度、金融环境和法治水平等六类因子对投资黏性的影响。最后，将中国29个省份划分为发达地区和欠发达地区两个样本，实证分析了这六类因子对于投资黏性影响的区域差异。全国总样本的实证结果和稳健性检结果均表明,企业家职能、信息化水平、市场化投资水平、金融环境和法治水平对于投资黏性具有显著的负向影响,而地方政府干预程度则为正影响。分类回归结果则表明,投资黏性分地区的检验结果与全国总样本的回归结果并不完全一致。其中,仅仅只有市场化投资程度、地方政府干预程度和法治社会这三类因子对投资黏性的影响在两个地区均保持显著。

第 6 章
政策建议

前几章基于中国经济发展实践,从理论和实证两方面,对于投资黏性和经济增长质量的关系进行深入探讨,并就投资黏性的影响因素进行了细致的分析。本书发现投资黏性对于经济增长质量具有显著的负向影响。因此,降低投资黏性已成为当前亟待解决的重大问题。为此,本书提出以下政策建议。

6.1 加快投资体制改革,让市场在投资决策中起决定性作用

本书研究结论表明,市场化投资体制有利于降低投资黏性。因此,必须让市场在投资决策中真实起到决定作用。为此,可以通过以下措施加快投资体制改革步伐。

(1) 准确界定政府投资和企业投资的边界。经过多年的发展,中国的投资主体结构已经由过去单一的政府投资转变为多元投资模式。然而,地方政府投资与企业投资仍存在严重的错位问题,一些原本属于企业的投资领域却处于地方政府监管之下,导致投资的供给对于市场需求的弹性严重不足,投资效率低下。因此,首先必须将地方政府和企业投资的界限界定清楚,否则市场在投资决策中的决定性作用根本无从谈起。在社会主义市场经济条件下,地方政府的投资重点应该放在地方公共产品、基础设施以及关系国家安全等领域;企业投资应该集中于生产性项目。企业与政府相比,更了解行业和市

场的情况，可以根据价格、供求、成本、利润等信号，理性决定如何投资、投资多少。当前，政府必须退出在竞争性领域的投资，让这些行业的投资真正实现市场化运行模式。

（2）在某些领域降低甚至取消准入门槛，引进非国有制企业投资，尤其是民营企业参与投资，提高企业投资的效率和质量。自改革开放以来，非公有制经济得到了快速发展，展现出强劲的生机和活力，并为推动国民经济发展做出了重要贡献，但在具体实践中，机会不平等、规则不平等、市场权益不平等等一系列有形或无形因素的制约，导致非公有制企业投资的领域和环境受到极大的制约。因此，必须放宽市场准入制度，允许和引导更多的非公有资本进入法律法规未禁入的基础设施、公用事业及其他行业和领域。非公有制企业在投融资、税收、土地使用和对外贸易等方面，与其他企业享受同等待遇。此外，要支持非公有制中小企业的发展，鼓励有条件的企业做强做大。

（3）加快国企改革，培育投资主体。近年来，虽然国企改革取得了一定成效，国有企业的实力和活力大大增强，但仍存在企业功能定位不清、公司治理结构不完善、产权不清晰等一系列问题，导致国有企业的发展无法真正适应市场化的要求。因此，在接下来的改革中必须逐步解决政企不分（行政部门企业）、社企不分（社会功能和企业功能）、两权不分（所有权和经营权）等"三不分"问题，使国有企业真正实现公司制运作。为此，第一要对不同类型的国有企业进行准确定位。可以将国有企业划分为公共类企业、特定功能类企业和商业性企业等三种类型，针对不同的类型，实施不同的管理模式。第二要完善企业治理结构，发展混合所有制经济。虽然大多数国有企业已经实行了公司制改革，但目前管理者业绩同企业业绩脱钩，行政监督无法有效解决经营效益问题，导致没有人对国有资产负起真正的责任。因此，要真正建立现代企业制度，必须引进民间资本，实现投资主体的多元化，从而形成有效制衡机制。第三尽快剥离国有企业的社会职能。必须严格落实企业转机建制方面的配套措施，对企业剥离出来的人员提供税收、住房以及福利等方面的优惠。对剥离出来的社会部门，根据实际情况可以分别采取政府和服务机构接管、组建成企业法人单位、重组成非营利组织等方式进行管理。

6.2 矫正地方政府的投资冲动

6.2.1 转换地方政府职能，建设服务型政府

6.2.1.1 实行新型地方政府政绩考核机制

出于晋升的压力，地方政府官员的行为会很大程度上受到考核体制的影响。在不同的政绩考核机制下，地方政府的行为会出现较大差异。由于我国长期实行"唯GDP"考核机制，即根据GDP增长率、财政收入、税收等指标衡量一个官员任期内的政绩，并以此作为是否升迁的主要依据。这样一种考核机制在中国经济发展初期，确实起到了积极作用。然而，随着中国经济市场化程度的加深，这种考核机制已不再适应当前的需要，并且成为投资黏性产生的重要原因。

因此，实行新型地方政府官员政绩考核机制尤为重要。在考核指标体系的构建上，新型考核标准应该不仅局限于GDP增长率、税收等几个简单的经济指标，还要包括社会指标和环境资源指标，必须体现以人为本，全面、协调、可持续的科学发展观要求。经济指标中要加入CPI、城镇化率等指标；社会指标应该包括居民收入、就业率、群众满意程度、居民幸福指数、基尼系数等指标；环境资源指标必须包括单位能耗、新能源开发、绿化率等指标。在考核中，要淡化对于GDP增长率等经济指标的考核，加大对本地区社会保障体系的完善程度、居民收入水平、教育文化事业发展水平以及可持续发展能力等指标的考核。在考核方式上，改变的单一的上级考核方式，采用上级领导考核与社会公众考核相结合的办法，强化民本考核理念。给予当地民众充分的话语权，建立起有效的监督机制，从而有效遏制官员为了晋升做出有损当地经济健康发展的不当行为。

6.2.1.2 简政放权，提高地方政府的公共服务水平

通过调整政府机构的设置，科学设置行政岗位，可以理顺政府部门职能

分工，解决政府部门之间相互推脱、不协调等办事效率低下问题，从而形成规范、公正、廉洁的行政管理新体系，提高政府管理水平。在放权中，必须理顺政府和市场的关系，凡是市场可以做好的事情，必须尽快下放，减少政府对市场的干预。为此，必须继续推进行政审批制度改革。对投资领域中，不涉及国家安全、公共安全的投资项目，一般都可以下放给市场，让投资决策者自担风险，让企业和个人获得更多的投资自主权。在生产经营活动领域，只要市场机制可以有效调节、行业组织能自律管理的就不要政府审批，变事前批为事中和事后监督。在接下来的改革中，继续清理和精简一批行政审批事项。能精简的审批事项要精简，能改备案的改备案，明确办事时限，增加透明度。通过不断探索，使行政审批制度由事无巨细、样样报批逐步向宏观管理、重点审批的方向顺利过渡。

6.2.1.3 依法行政，严格执法

在发达的市场经济条件下，法律是约束和规范政府行为最有力的武器。转变地方政府职能，创造良好的投资环境，关键在于政府官员如何行使手中的权力。投资活动中之所以会出现乱收费、乱摊派等干扰经济发展的乱象，根本原因在于未创建一套完备的规范政府行为的法律环境。因此，首先要深化行政执法体制改革，建立权责统一、权威高效的行政执法体制。一方面，要厘清执法机关的权力清单，深入推进综合执法，从而实现执法机构的精简统一，消除多头执法等行为。另一方面，要合理配置执法力量，实现执法权力下放，提高基层部门的执法能力。在执法中要做到重规则、重机制，制定具体执法细则和操作流程，切实做到要求具体、期限明确、程序公正。对于不规范执行和执法违法行为必须实行严厉的问责制度，尤其是要推行行政复议制度。此外，要加强权力的制约和监督。不受制约的权力，必然会发生滥用，甚至腐败现象。因此，应该创造条件让人民监督政府的行为，全面推进政务公开，晒出政府的权力清单，从而形成透明公平的市场环境。

6.2.2 推进地方政府的公共财政改革

在西方发达国家，建立和完善公共财政体制，已成为其管理财政收支的

最佳选择。而我国的公共财政体制建设起步较晚，直到 1998 年才确立起公共财政体制的基本模式。自中共十六大起，我国加快了公共财政体制建设的步伐，尤其在中共十八大中，提出了完善促进基本公共服务均等化和主体功能区建设的公共财政体系建设的改革方案。通过多年的建设，我国在实施部门预算、国库集中收付改革、农村税费改革等方面均取得了重大进展。但这仅仅是搭建起了公共财政的基本框架，与科学发展观目标要求的差距仍然较大。目前，各级财政干部的理财理念还未很好地适应公共财政的要求，财政改革与配套措施不协调等问题仍然没有得到很好地解决。

为此，第一要优化支出结构，提高配置效率。提高公共服务类支出占比，对政府必须保障的纯公益事项，财政必须按政策予以保障；对于带有一定经营性质的公益事项，则提供一定的补助；进一步减少甚至完全退出对一般竞争性的事项财政支出。第二要统筹城乡发展，加大财政支出在农村的公共财政覆盖面积，新增的科教文卫等社会事业的支出要重点向农村倾斜，加快农村社会保险、合作医疗、教育公共设施、社会救济和劳动力转移就业技能培训工程等建设，不断扩大公共财政的覆盖面，使农村享受与城市大体相同的公共服务。第三要完善财政支出绩效评价体系。评价体系应该包括部门自我评价、财政综合评价、绩效审计、社会评价等四个方面。通过对财政支出项目绩效评价到部门综合绩效评价等各类型支出评价工作的推进，为绩效预算奠定坚实的基础。

6.2.3 采取有效措施，防范和控制地方政府投融资平台风险

作为财税体制改革不完善的产物，地方政府投融资平台对于中国进行基础设施建设和城市建设发挥了巨大作用。但由于存在法人治理结构不完善、责任主体不清晰、规模过大、操作程序不规范等问题，地方政府投融资平台运行中存在一定的风险。目前，地方政府投融资平台的融资渠道比较单一，绝大多数来源于商业银行贷款。而商业银行也愿意投靠政府这棵大树，将大部分信贷资金由房地产开发企业转到政府投融资平台。然而，当政府融资超过一定量时，尤其是超出政府偿还能力时，政府债务就转为债务风险。一旦地方政府债务危机出现，银行和政府由于捆绑在一起，银行必然受到波及，

大量呆账坏账会不断产生，实体经济也会受到极大的破坏。

因而，短期内必须全面测算各地政府的财政偿还能力，合理确定贷款总规模和新增贷款总量，防止地方政府负债总量规模的进一步盲目膨胀；落实融资平台贷款还款来源，有效保全资产，确保总体风险处在可控范围之内。从长远来看，必须建立地方政府投融资监管机构，以强化政府投融资的行业管理。这不仅有利于政府及时获得投融资信息，为政府测算可承受负债规模和投资规模决策提供参考意见，而且有利于规范地方政府融资公司的投融资行为，合理控制地方政府负债规模，防范政府债务风险。此外，尝试采用市场化机制运作投融资机构，广泛利用社会资本和民间资本，在不断提高政府投资收益率的同时，发展壮大自己，确保国有资产的保值增值，逐步降低政府债务风险。

6.3 提高金融市场化程度、优化投资金融环境

6.3.1 发展和完善多层次资本市场

完善的资本市场具有优化资源配置、促进产业升级等重要作用。对于处于不同的发展阶段、不同规模以及不同风险状况的企业来说，融资的需求存在较大差异。比如，处于成熟期和成长期的企业通常会选择银行贷款、对外借款等方式进行债权融资；而处于发展初期的企业则倾向于利用金融机构贷款和风险投资基金进行股权融资。因此，单一的全国性资本市场必然无法满足众多企业的投资需求，建立和完善多层次资本市场势在必行。自20世纪90年代以来，中国已经初步形成由主板（含中小板）、创业板（俗称二板）、全国中小企业股份转让系统（俗称新三板）、区域性股权交易市场和证券公司主导的柜台市场组成的多层次资本市场。然而，由于资本市场管理制度和政策法规还不健全，除了上市公司融资功能外，中国资本市场的投资、优化配置资源、促进产业升级等功能却无法真正发挥出来。目前，间接融资占比较大、融资成本较高，尤其是中小企业融资难、融资贵等问题比较突出。为

此，应该在以下几个方面加快改革步伐。

（1）推进新股发行制度改革，最终实行注册制。证券规制部门应该不仅保护发行者的利益，还要保护投资者利益。在 IPO 网下询价方式上，采用"美式竞价"制度替换原来的"荷式竞价"。在美式竞价中，中标人的"中标价"虽然各不相同、有高有低，高报价者高价认购、低报价者低价认购。但每个中标人的"中标价"就是各自的实际报价。这样，新股上市的市盈率会下降，有利于保护投资者权益，IPO 严重超募现象也会大大减少。

（2）实施更加严格的退市制度。一方面，尽快实施股票回购制度，即规定上市公司，在股市出现暴跌情况下，必须回购股票，从而有效减少资本市场供给，增加资本市场需求，提升资本市场信心，稳定资本市场。另一方面，限制大小非解禁制度，将单一股东能减持的股票数量跟该股票上个月价格波动挂钩。当股票上个月价格下跌时，不允许持有该股票的股东进行减持；当股票上个月价格上升时，则允许股东按照股价涨幅来减持一定数量解禁的股票。

（3）全面落实强制分红制度。只有严格的强制分红制度，才能减少和消除"铁公鸡"，从根本上改变股市频繁买卖股票的盈利模式。2013 年 11 月中国证监会在《上市公司监管指引第 3 号——上市公司现金分红》中提出了差异化的分红政策，但并未提出严格的惩罚措施。因此，规定强制分红的期限，对于规定期限未完成分红的上市公司，不准其再融资，在超过一定时限的，自动退市。此外，适当降低或取消红利税，减少投资者的隐形损失，提高上市公司分红的积极性。

此外，还应该尽快确立对称交易制度，保证政府的公信力；停止股指期货、股市现货市场的做空交易，恢复资本市场的基本功能。

6.3.2 继续推进利率市场化改革

自多次放宽利率管制以来，利率市场化进程似乎只剩下取消存款利率上限这最后的关键一步。但实际上，利率市场化改革涉及国民经济的各个部门，尤其是银行业，稍有不慎可能威胁到经济的平稳运行。因此，在什么样的时机、什么样的条件下取消存款利率上限管制，必须做出详细的规划和部署。

鉴于此，本书建议从以下两个方面进行着手。

（1）尽快完善并严格执行存款保险制度、金融机构破产制度，为利率市场化提供稳定的制度保障。当前，中国经济已经进入由高速向中高速增长转变的关键时期，经济发展中的不稳定因素增多，经济下行压力增大。在新常态经济下，银行监管缩紧。此时，完全放开利率管制，则势必导致增加银行高息揽储的动机，资产承担的风险加大，储户一旦认为有违约风险易发生挤兑，极易导致金融系统风险的产生。因而，可以采取以下几点措施加快存款保险制度和金融机构破产制度建设，为利率市场化的顺利实施扫清障碍。首先，推动《存款保险法》《金融机构破产法》的立法工作，形成以市场原则为基础，安全、高效的市场退出机制和破产法律制度，依据《公司法》等备建立独立的存款保险公司。其次，确立中国人民银行作为存款保险公司的监管机构，建立起中国人民银行、中国银监会和存款保险公司对于商业银行共同监管的均衡体系。最后，对于存款保险的种类和范围进行详细的论证，可以尝试做一些试点工作，然后再全面展开。

（2）分阶段、分步骤放宽存款利率管制。美国、日本等发达国家的经验告诉我们，在合适的时期（货币宽松时期）放开存款利率管制尤为重要。因此，当前必须设法降低银行间利率，在条件成熟时首先放开期限较短（2年以下）的定期存款利率和小额协议存款利率的上限管制。然后，再逐步取消对活期存款利率上限的管制，直至彻底放开。

此外，利率市场化过程中，必须注重对于中小商业银行的保护，加强中小企业发债、上市、财政专项扶持基金等政策的支持力度，为中小企业直接融资提供便利，减弱存款利率市场化改革对中小企业融资成本的冲击。

6.3.3 加快银行业市场化改革

（1）推动民间资本进入银行业。将民间资本引入银行领域以后，一方面以国有银行为主导的银行业经营格局将会被彻底打破，有利于促进多元化金融机构和多层次银行体系的建设。另一方面，可以对不规范的民间资本实现有序地引导和监管，降低实体经济的融资成本，提高金融资源的配置效率。随着民间资本的进入，对于民营经济，尤其是其中的中小企业支持有望落到实处。

（2）完善信息披露制度，提高公司治理的透明度。信息披露不仅要包括银行的财务信息，还要有各部门的职能、目标、原则、重大措施以及执行结果等非财务信息的披露。在准确及时充分的信息披露制度下，公司治理结构会更完善，外界对于银行监管的约束力会更强。随着银行公司治理透明度的上升，广大存款者的利益得以维护，外界对于银行的信心也会大大增强。

（3）发展普惠金融，提高银行业服务实体业的水平。当前，农村金融基础仍然较薄弱，网点少，并且成本高；中小企业融资难、融资贵的问题仍然存在；新技术革命冲击下的部分金融创新业务有待进一步规范；小型社区类金融机构发展缓慢；金融消费者合法权益的保护力度不够。为此，应该加快对于创新金融模式的探索，发展适合不同消费者的金融业务。例如，针对中小企业规模小、风险高、经营周期短、公司治理结构不健全等自身特点，可以采取节约化经营和专业化管理、研发特色融资产品、开发中小企业信贷管理子系统等措施，破解中小企业融资难的问题。

6.4　加快信息化基础设施建设

鉴于信息化对于投资黏性的负向作用，有必要加大信息化基础设施建设，特别是三网融合建设，物联网、云计算等新兴领域的投资和试点。为了更好地保证投资的效率，应该做到以下三点。

首先，引进社会资本参与建设运营信息化基础设施。在信息化基础设施的建设和运营中，可以采取政府主导、社会多方力量共同参与的运行机制。政府仅仅在基础性和电子政务较多的基础设施建设中处于主导地位。对于投资较大且有商业价值的投资项目，则利用特许经营的方式进行；对于技术依赖性高、专业维护需求高的项目，可以采取购买服务的方式进行，让社会投资主导建设和运营，地方政府则购买信息化服务。

其次，组建信息化基础设施投资公司，引入市场机制推进信息化基础设施建设。对于重要的信息化基础设施，例如政务专网、通信管网、数据中心等，可通过组建信息化基础设施投资公司参与建设和运营。信息化基础设施投资公司体现政府意志，确保电子政务所使用的基础设施的安全性，并避免在信息化建设过程中政府和公益需求被商业利益弱化。同时，将与项目建设运营维护相关的具体工作从信息化主管部门转移到基础设施投资公司，以简化政府职能，提高行业监管的效率。

最后，制定有吸引力的人才政策，创造适合信息产业发展成长的人才生态机制。建设信息化基础设施，核心在于信息化人才。对具有一定能力的信息产业人员，提供优厚的待遇。

6.5 优化投资的法治环境

根据现代投资理论，法治水平在某种程度上已经超越政治、经济等因素，成为影响投资的重要因素。本书的结论也表明，法治水平可以有效降低投资黏性，提高经济增长的质量。

优化投资法治环境，首先，要做到完善立法工作，加强制度建设。立法是建设法治社会的基础，只有建立完备的法律体系，执法工作才能做到有法可依。在立法过程中，首先必须做到依法立法、公开、规范与合理，充分征求多方的意见，尤其要吸收投资者参与立法。与此同时，要加强对于规范性文件的审查力度，防止和杜绝部门利益倾向，损害投资者的利益。其次，要维护法律体系的统一。明确国家和地方立法的权限，同一地区的法规必须保持协调统一，减少企业投资的政治风险。当前，非公有制经济发展迅猛，但保护民营企业权益的法律体系建设却比较滞后，已经成为民营经济发展的瓶颈。比如相关法律法规没有详细的配套实施细则、执法主体的职责不清、司法和执法跟不上立法。过去十多年虽然制定了很多针对民营企业的政策，但由于政策缺乏落实机制，缺少第三方评估和监督，导致政策落实不到位。因此，要落实同等保护的精神，建立以平等原则为核心原则的产权保护制度，推动不同所有制类型企业的公平竞争和独立经营。应该对《中华人民共和国民法通则》《中华人民共和国物权法》《中华人民共和国公司法》中的一些条款进行修订，解决《中华人民共和国刑法》条款保护不平等的问题。从而在混合所有制企业中的国资与民资股东之间出现利益冲突时，可以更好地保护民营企业的投资权益不受到损害。

其次,要严格执法。政府的执法行为必须处于法律的规定和监督之下,必须杜绝借行政之名增加企业负担、破坏企业生产、侵犯企业利益等不法行为的发生;切实维护企业合法权益,加大对知识产权、商业秘密的保护力度,对于经济活动中的合同纠纷、劳资纠纷等矛盾纠纷要积极地协调并及时解决;在维护好企业生产秩序的同时,更要兼顾国家、集体、职工或群众个人的合法利益,保持社会和谐稳定。

最后,要提升执法队伍的整体素质,提高执法能力。作为执法工作的主体,执法人员对法律内涵的理解是否深刻,对法律现象的思考是否理性,对法律功能的认识是否清醒,是能否正确执法、高效执法的基本前提。因此,要严把"入口",坚持"逢进必考"原则。对于严重违法执法人员,要坚决将其清除出行政执法队伍。通过开展"文明执法"竞赛,评选"文明执法单位"和"人民满意的执法者"等活动抓好教育培训工作,形成竞争激励机制,树立行政执法队伍良好的形象。

此外,还要完善公共法律服务体系建设,提供法律咨询服务,使投资者能够及时有效地获得法律帮助。

6.6 打造企业家阶层,发挥企业家职能

理论和实证结果均表明,企业家职能越强,投资黏性越小。当前,打造一批高素质企业家,充分发挥企业家职能,对于提高投资供给弹性十分必要。经过30多年的发展,中国企业家队伍从无到有,教育程度、专业知识水平和职业化水平不断提高,在社会经济中的作用越来越明显。但仍存在创新程度不够、管理模式粗放等问题。

首先,要加强业务培训,提升综合素质。一是请企业管理知名学者、优秀企业家,针对现代企业管理制度、企业管理中的新理论、新经验、新方法、新动向,定期举办专题讲座,促使企业家进一步解放思想、更新观念。二是有计划地组织具有一定实践经验的企业管理人员,到经济发达地区、大公司甚至发达国家实地学习先进的管理理念和经营方式,促进专业管理人才快速

成长。三是建立企业家后备人才信息库，实行动态管理，定期强化专业理论培训，形成壮大企业家队伍的"梯队"结构。

其次，为企业家成长创造良好的社会环境。建议定期宣传企业家人才队伍中的先进人物，大力表彰典型。继续开展优秀企业家等评选活动，加大物质奖励力度，强化精神激励措施。充分发挥商会的作用，为会员企业提供信息参考，实现信息资源共享，使其能更好地发挥"企业家的俱乐部""企业家之家"的功能。

第 7 章
主要结论与展望

7.1 主 要 结 论

本书以转型期中国经济发展状况为大背景,结合投资行为学、黏性信息理论对于"投资黏性"这一全新的经济学概念,进行了合理界定。并从理论和实证两个方面,详细考察了投资黏性对于经济增长质量的影响。然后,利用计量模型对于影响投资黏性变动的因素进行了深入研究。最后,从不同方面就如何降低投资黏性提出了相应的政策建议。本书得出的主要结论有:

(1) 投资黏性的形成以黏性信息、锚定效应、沉没成本谬误和政府控制等理论为基础。在中国经济发展进入新常态的形势下,一方面,投资黏性影响了投资总规模向实际市场需求的调整速度,导致和加深了投资过度问题,造成经济增长结构失衡。另一方面,投资黏性不仅导致原有产业转型困难,产能过剩问题严重,而且阻碍了资本从低生产率部门向高生产率部门的自由流动,资源配置效率较低,产业结构的优化和升级面临挑战。

(2) 中国经济发展中,投资具有较强的黏性。随着改革开放的深入和加入世界贸易组织,投资黏性不仅未得到显著地下降,反而出现微弱上升态势。具体来看,全国投资黏性从 2002 年的 0.3613 上升至 2012 年的 0.6853,平均值为 0.301,中国投资黏性指数呈现"锯齿形"变化特征;沿海发达地区的投资黏性显著低于内陆欠发达地区;29 个省份的投资黏性比较中,宁夏的投资黏性最大,上海则最小;只有发达地区的投资黏性存在"俱乐部收敛"特征,全国和两大地区的投资黏性均存在条件收敛特征。

(3) 改革开放至今,中国经济实现了高速增长,但经济增长质量不高,尤其是全要素生产率水平较低。本书对全要素生产率的测算结果表明,2002～2012年间TFP增长指数变化比较剧烈,由最初的1.0048波动下降至2012年的0.9998,表明全要素生产率的边际效率在逐渐下降,且对于经济增长的贡献较低,主要由于技术进步指数下降导致的;发达地区的全要素生产率增长指数大于欠发达地区,表明发达地区经济增长质量较高;发达地区全要素生产率增长指数存在"俱乐部收敛"特征,条件收敛则在各地区和全国总样本中均存在。

(4) 本书以2002～2012年中国省际面板数据作为研究对象,采用固定效应模型、GMM等计量模型对投资黏性与全要素生产率之间的关系进行实证检验。结果表明投资黏性对于经济增长质量产生了显著的负向影响,稳健性检验结果也与之前实证结果一致。其中,发达地区投资黏性对于全要素生产率产生的负影响效果要大于欠发达地区。

(5) 投资黏性各种影响因素的实证结果表明,企业家职能、信息化水平、市场化投资水平、金融环境和法治水平与投资黏性呈显著的负相关,表明这5类经济变量的增长有助于投资黏性的下降;地方政府干预程度对投资黏性产生负效应,表明这类因素是导致投资黏性上升的主要原因。

7.2 进一步研究的问题

由于对投资黏性及其与经济增长质量关系的研究刚刚起步,现有文献对投资黏性的研究更是少之又少。本书采用2002～2012年省级面板数据,尝试对投资黏性的变动特征及其对经济增长质量的影响进行理论和实证研究。虽然取得了一些有意义的研究结论,但从研究的进展来看,关于投资黏性及其与经济增长质量关系的研究仍需作进一步的拓展。从目前看,有待进一步研究的问题主要有:

(1) 关于投资黏性问题更为成熟和系统的研究框架。投资黏性并不是一个单独的经济学概念，其形成与变化与其他经济变量之间均存在一定的内在联系，投资黏性的内涵极为丰富。本书虽然界定了投资黏性的概念，分析了投资黏性形成的理论基础与影响因素。但关于投资黏性的研究远不止此。例如，投资黏性通过影响进出贸易，进而对中国的对外开放水平产生影响；投资黏性对经济波动的影响；等等，这些都值得深入研究。

（2）关于投资黏性的度量。通过采用某种计算公式，将投资黏性进行量化，便可以准确分析投资黏性的变化特征，从而为相关政策的制定提供参考。因而，投资黏性的测算是一个比较重要的研究课题。本书虽然对投资黏性进行了有效测算，但并不一定能够全面表现出投资黏性的内在含义。此外，本书的测算公式主要针对某地区全社会固定资产投资的黏性进行测算，至于其对企业投资黏性、行业投资黏性的测算是否准确尚需进行下一步的研究。因此，在未来工作中，有必要对投资黏性的测算方法以及本书提出的测算方式适用范围做出更为深入细致的研究。

（3）经济增长质量的内涵可以从为广义和狭义两个方面进行界定。本书基于经济增长效率这一狭义定义法的角度，将全要素生产率增长指数定义为经济增长质量，从理论和实证两方面研究了投资黏性对经济增长质量的影响，从而为经济结构调整提供了更为科学的理论和经验依据。然而，限于字数的限制，书中并未构建经济增长质量的综合评价体系，也并未深入分析探讨投资黏性对经济增长质量综合评价指数的影响，从而更进一步佐证本书的结论。但是，这也将是本书接下来要进行的重要工作。

（4）关于投资黏性影响因素的深入分析。本书主要分析了企业家职能、市场化投资水平、金融环境、地方政府干预程度、信息化程度和法治水平等六类因素对于投资黏性的具体影响。但由于投资黏性的概念较新，本书对于投资黏性影响因素的分析可能不够全面，一些因素可能并未包括其中。对于这些影响因素的识别以及这些因素对于投资黏性的作用机制均需作进一步研究。

附　　录

部分数据表格

附表1　　　　　　　　　部分年份各省份资本存量　　　　　　　　单位：亿元

省份	2002年	2004年	2006年	2008年	2010年	2012年
北京	6434.19	8336.55	10714.56	13325.96	16728.33	19975.63
天津	1603.04	2078.42	2763.99	3970.59	6446.33	9322.32
河北	3478.42	4446.69	6198.80	8881.23	13734.41	19151.13
辽宁	978.98	1288.84	1957.58	3041.85	4770.19	6821.86
上海	5628.87	6696.94	8167.21	9785.62	11317.42	12285.45
江苏	5903.34	8200.23	11647.41	16234.91	23069.04	31169.69
浙江	4148.99	6008.46	8287.66	10609.30	13512.81	17141.91
福建	1075.00	1399.99	1935.16	2867.20	4255.46	6219.25
山东	6077.54	8986.53	13571.18	18884.21	26987.86	36551.92
广东	5312.15	6796.36	8826.17	11316.95	14959.95	18844.17
广西	1077.48	1399.24	2038.56	3111.84	5131.66	7652.60
海南	328.56	387.55	468.23	585.58	845.80	1239.23
安徽	655.41	872.25	1296.24	2077.85	3418.00	4882.34
江西	880.68	1354.76	2076.15	3116.56	5192.96	7456.47
山西	1864.63	2641.62	3847.75	5496.51	8323.55	11940.62
内蒙古	1181.90	2000.59	3576.64	5811.08	9289.77	13226.40
吉林	1057.47	1367.59	2096.85	3509.53	5704.11	7840.99

续表

省份	2002 年	2004 年	2006 年	2008 年	2010 年	2012 年
黑龙江	1328.63	1595.62	2045.65	2767.40	4187.55	5949.72
河南	2999.32	3958.69	5942.92	9285.78	14691.46	20440.41
湖北	1853.16	2313.40	3007.72	4138.75	6286.83	9210.26
湖南	1484.59	1915.11	2596.89	3647.95	5560.96	8100.99
四川	4151.88	5578.21	7721.40	10809.36	16694.72	23208.44
贵州	616.31	834.94	1115.11	1517.75	2184.63	3340.75
云南	1337.14	1721.76	2411.39	3398.17	5035.03	7064.24
陕西	1347.05	1760.06	2431.08	3639.21	5753.30	8545.10
甘肃	1600.18	2071.10	2689.97	3667.84	5533.77	8414.21
青海	244.46	320.42	418.63	545.30	768.01	1161.05
宁夏	233.01	329.26	448.06	616.01	918.40	1307.86
新疆	1140.92	1444.28	1841.63	2341.95	3104.91	4453.47

附表 2　　　　　部分年份各省份从业人员数　　　　　单位：万人

省份	2002 年	2004 年	2006 年	2008 年	2010 年	2012 年
北京	798.90	895.02	919.70	1173.80	1318.00	1107.30
天津	403.10	421.96	562.96	503.14	521.00	803.14
河北	3385.60	3416.37	3610.01	3651.66	3790.00	4085.74
山西	1842.00	1951.60	2128.20	2098.21	2238.00	2423.82
内蒙古	742.80	812.31	885.57	896.00	925.00	1115.50
辽宁	3505.60	3719.70	4628.95	4384.07	4732.00	4759.53
吉林	2834.70	3092.01	3172.38	3691.85	3989.00	3691.24
黑龙江	1711.30	1817.52	1949.58	2079.78	2181.00	2568.93
上海	4751.90	4939.71	5960.30	5352.50	5655.00	6554.30
江苏	3966.70	4315.96	5250.11	5478.00	5777.00	5965.95
浙江	2570.50	2649.11	2760.00	2807.16	2945.00	2768.00
安徽	341.70	366.53	389.03	412.09	446.00	483.90

续表

省份	2002年	2004年	2006年	2008年	2010年	2012年
福建	1417.30	1474.58	1561.20	1583.46	1665.00	1790.17
江西	1010.10	1019.15	1051.20	1103.28	1185.00	1304.90
山东	1095.30	1115.59	1250.50	1143.51	1249.00	1355.90
河南	1626.50	1623.33	1784.30	1670.16	1743.00	1852.28
湖北	3403.80	3453.20	3743.00	3594.59	3847.00	4206.80
湖南	1955.10	2039.81	2321.20	2223.29	2306.00	2555.90
广东	5522.00	5587.45	5721.00	5835.45	6042.00	6287.50
广西	2467.50	2588.56	3564.20	2875.59	3117.00	3687.00
海南	3468.70	3599.62	3783.00	3810.98	4008.00	4019.31
四川	6048.40	6192.90	6469.77	6711.55	6910.00	6431.44
贵州	2081.40	2168.84	2240.00	2301.63	2402.00	1825.82
云南	2341.00	2401.38	2531.00	2679.50	2814.00	2951.00
陕西	1873.10	1884.72	1986.00	1946.56	1952.00	1553.00
甘肃	1254.90	1321.72	1401.36	1388.68	1432.00	1491.59
青海	247.30	263.08	294.19	276.79	294.00	310.90
宁夏	281.50	298.08	308.10	303.92	326.00	344.50
新疆	701.50	744.50	811.76	813.70	853.00	1010.44

附表3　　　　　　　　部分年份各省份GDP　　　　　　　单位：亿元

省份	2002年	2004年	2006年	2008年	2010年	2012年
北京	4315	6033.21	8117.78	11115	14113.58	17879.4
天津	2150.76	3110.97	4462.74	6719.01	9224.46	12893.88
河北	6018.28	8477.63	11467.6	16011.97	20394.26	26575.01
山西	2324.8	3571.37	4878.61	7315.4	9200.86	12112.83
内蒙古	1940.94	3041.07	4944.25	8496.2	11672	15880.58
辽宁	5458.22	6672	9304.52	13668.58	18457.27	24846.43
吉林	2348.54	3122.01	4275.12	6426.1	8667.58	11939.24

续表

省份	2002年	2004年	2006年	2008年	2010年	2012年
黑龙江	3637.2	4750.6	6211.8	8314.37	10368.6	13691.58
上海	5741.03	8072.83	10572.24	14069.87	17165.98	20181.72
江苏	10606.85	15003.6	21742.05	30981.98	41425.48	54058.22
浙江	8003.67	11648.7	15718.47	21462.69	27722.31	34665.33
安徽	3519.72	4759.3	6112.5	8851.66	12359.33	17212.05
福建	4467.55	5763.35	7583.85	10823.01	14737.12	19701.78
江西	2450.48	3456.7	4820.53	6971.05	9451.26	12948.88
山东	10275.5	15021.84	21900.19	30933.28	39169.92	50013.24
河南	6035.48	8553.79	12362.79	18018.53	23092.36	29599.31
湖北	4212.82	5633.24	7617.47	11328.92	15967.61	22250.45
湖南	4151.54	5641.94	7688.67	11555	16037.96	22154.23
广东	13502.42	18864.62	26587.76	36796.71	46013.06	57067.92
广西	2523.73	3433.5	4746.16	7021	9569.85	13035.1
海南	642.73	819.66	1065.67	1503.06	2064.5	2855.54
四川	4725.01	6379.63	8690.24	12601.23	17185.48	23872.8
贵州	1243.43	1677.8	2338.98	3561.56	4602.16	6852.2
云南	2312.82	3081.91	3988.14	5692.12	7224.18	10309.47
陕西	2253.39	3175.58	4743.61	7314.58	10123.48	14453.68
甘肃	1232.03	1688.49	2277.35	3166.82	4120.75	5650.2
青海	340.65	466.1	648.5	1018.62	1350.43	1893.54
宁夏	377.16	537.11	725.9	1203.92	1689.65	2341.29
新疆	1612.65	2209.09	3045.26	4183.21	5437.47	7505.31

附表4　　　　　　　　部分年份各省份投资黏性

省份	2002年	2004年	2006年	2008年	2010年	2012年
北京	0.4352	0.5345	0.2966	0.4694	0.3818	0.3591
天津	0.3197	0.6290	0.2812	0.5735	0.7659	0.6121

续表

省份	2002年	2004年	2006年	2008年	2010年	2012年
河北	0.3926	0.5752	0.2753	0.5976	0.9976	0.6935
山西	0.1053	0.4382	0.3618	0.5845	0.8532	0.8228
内蒙古	0.2367	0.7105	0.5790	0.8288	1.0616	0.7956
辽宁	0.2259	0.5800	0.2545	0.7728	0.9520	0.9111
吉林	0.6085	0.4648	0.3924	0.8720	0.7480	0.7502
黑龙江	0.3527	0.4402	0.2150	1.0026	0.9104	0.7512
上海	0.2984	0.4106	0.2472	0.3993	0.3413	0.1628
江苏	0.3379	0.7042	0.2996	0.6081	0.5872	0.6716
浙江	0.5076	0.8605	0.3090	0.5573	0.5830	0.4800
安徽	0.3421	0.5568	0.3059	1.0297	1.3147	0.8172
福建	0.2534	0.4283	0.3410	0.6811	0.5277	0.6428
江西	0.3326	0.7860	0.3718	0.7948	1.2236	0.8031
山东	0.3421	0.7021	0.3864	0.5641	0.7243	0.6493
河南	0.2633	0.3911	0.3241	0.7478	0.9493	0.6738
湖北	0.3336	0.4358	0.2740	0.6129	0.7821	0.6518
湖南	0.2994	0.4841	0.2671	0.5942	0.7340	0.6676
广东	0.2345	1.0913	0.2097	0.3253	0.3759	0.3214
广西	0.2877	0.3933	0.3300	0.6454	0.9471	0.6739
海南	0.3285	0.5201	0.2881	0.5294	0.6541	0.7327
四川	0.4101	0.6028	0.3661	0.7351	1.0590	0.4220
贵州	0.5360	0.9413	0.2843	0.5860	0.8237	0.7735
云南	0.2912	0.5852	0.3764	0.7543	0.8600	0.6288
陕西	0.4119	0.6869	0.3549	0.8166	0.6884	0.7418
甘肃	0.3958	0.5343	0.3005	0.5927	1.1012	0.8876
青海	0.5833	0.9805	0.3442	0.5738	0.9642	1.2946
宁夏	0.5057	0.9369	0.4800	0.7243	0.8122	0.8055
新疆	0.4893	0.6855	0.3313	0.7013	0.5001	0.7770

附表 5　　　　　　　　部分年份各省份 TFP 环比指数

省份	2002 年	2004 年	2006 年	2008 年	2010 年	2012 年
北京	0.979	1.012	1.016	1.003	1.002	1.004
天津	1.013	1.013	0.987	0.997	1.017	1.009
河北	1.007	1.009	1.004	1	1.003	0.999
山西	1.011	1.011	1.001	1	1.003	0.999
内蒙古	1.01	1.011	1.007	1.007	1.002	1.001
辽宁	1.003	0.998	0.992	0.994	0.994	0.993
吉林	1.004	1.004	0.996	1.002	0.999	1.002
黑龙江	1.01	1.011	1.001	1.005	0.999	0.997
上海	1.003	1.008	1.007	1.006	1.01	1.006
江苏	1.01	1.007	0.996	1.003	1.001	1.002
浙江	1.006	1.005	1.009	1.004	1.004	1.001
安徽	0.999	0.996	0.987	0.987	0.989	0.994
福建	1.006	1.005	1.004	1.002	0.995	0.991
江西	0.99	0.995	0.994	0.997	0.996	0.998
山东	1.006	1.007	0.997	1.004	1.001	1.001
河南	1.008	1.009	1.003	0.998	0.997	0.998
湖北	1.007	1.007	0.992	1.001	0.997	0.992
湖南	0.997	0.998	0.997	0.996	0.994	0.993
广东	1.01	1.008	1.003	1.003	1.004	1
广西	1.002	0.997	0.992	0.991	0.988	0.995
海南	1.019	1.012	1.018	1.014	1.011	1.002
四川	1.007	1.008	1.007	1.001	1.001	1.006
贵州	0.99	0.997	0.997	0.996	0.994	0.992
云南	1.007	1.007	1.002	0.996	0.994	0.997
陕西	1.007	1.011	1.003	1.008	1.003	1.017
甘肃	1.004	1.009	1.006	1.003	1.001	1.002
青海	1.011	1.012	1.004	1.015	1.01	1.003
宁夏	1.008	1.006	1.009	1.01	1.005	1.002
新疆	1.005	1.008	1.004	1.007	1.003	0.999

附表6　　　　　　　部分年份各省份技术进步变化指数（TECH）

省份	2002年	2004年	2006年	2008年	2010年	2012年
北京	1.003	1.009	1.009	1.004	1.007	1.007
天津	1.004	1.007	1.004	1.004	1.012	1.007
河北	1.006	1.004	1	1.002	1.001	0.999
山西	1.006	1.005	1.001	1.002	1.003	1.002
内蒙古	1.006	1.005	1.002	1.003	1.005	1.004
辽宁	1.003	0.998	0.992	0.994	0.994	0.993
吉林	1.007	1.004	1	1.002	1.003	1.001
黑龙江	1.007	1.003	0.999	1.001	0.999	0.998
上海	1.003	1.008	1.007	1.006	1.01	1.006
江苏	1.006	1.005	1.001	1.002	1.002	1
浙江	1.006	1.005	1.001	1.002	1.001	0.999
安徽	1	0.993	0.987	0.988	0.988	0.99
福建	1.007	1.003	0.996	0.993	0.992	0.99
江西	1	0.998	0.992	0.993	0.995	0.994
山东	1.006	1.004	1.001	1.002	1.002	0.999
河南	1.007	1.002	0.996	0.996	0.996	0.994
湖北	1.007	1.003	0.995	0.996	0.992	0.99
湖南	1	0.993	0.987	0.988	0.988	0.99
广东	1.006	1.004	1	1.001	1	0.995
广西	1	0.993	0.987	0.988	0.988	0.993
海南	1.007	1.004	0.999	0.998	0.996	0.997
四川	1.007	1.003	0.999	0.998	0.996	0.994
贵州	1	0.993	0.987	0.988	0.988	0.99
云南	1.007	1.002	0.994	0.99	0.989	0.99
陕西	1.007	1.003	0.999	1.001	1.001	1
甘肃	1.006	1.004	1	1.002	1.002	1.001
青海	1.007	1.004	1	1.002	1.002	1
宁夏	1.007	1.004	1	1.002	1.002	1
新疆	1.006	1.005	1.001	1.002	1.003	1

附表7　　　　部分年份各省份纯技术效率指数（PECH）

省份	2002年	2004年	2006年	2008年	2010年	2012年
北京	0.971	1.002	1.003	0.999	1	0.994
天津	1	1	1	1	1	0.996
河北	0.999	1	1	0.998	0.999	1
山西	1.005	1.005	1.001	0.998	1.003	1.002
内蒙古	0.999	1.002	1.011	1.004	0.996	1.003
辽宁	1	1	1	1	1	1
吉林	0.992	0.998	1	1.002	0.994	0.999
黑龙江	1.002	1.009	1.006	1.007	0.999	0.998
上海	1	1	1	1	1	1
江苏	1	1	1	1	1	1
浙江	1.001	1	1.002	0.999	1.001	0.999
安徽	1.001	1.004	0.996	0.996	0.998	1.004
福建	0.998	1.003	1.011	1.012	1.005	1
江西	0.982	1.002	1.002	1.003	1.002	1.004
山东	1	1.001	1	0.999	1	1
河南	0.999	1.001	1.001	0.999	1	1.001
湖北	0.999	1	1.003	1.003	1.003	1.003
湖南	0.999	1.001	1.002	1.004	1.003	1.003
广东	1.001	1.001	1.001	0.999	1.001	1
广西	1.003	1.002	1.003	1.002	1.002	1.003
海南	1.014	1.012	1.025	1.033	1	1
四川	0.999	1	1.001	1	1.003	1.003
贵州	0.985	1.007	1.014	1.012	1.007	0.998
云南	1.001	1.002	1.002	1.001	1.002	1.007
陕西	1.003	1.003	1.003	1.007	1.003	1.018
甘肃	0.994	1.005	1.011	1.004	0.999	0.999
青海	1	1	1	1	1	1
宁夏	1	1	1	1	1	1
新疆	0.993	1.001	1.017	1.012	1.002	0.996

附表8　部分年份各省份规模效率变化指数（SECH）

省份	2002年	2004年	2006年	2008年	2010年	2012年
北京	1.005	1.002	1.005	0.999	0.996	1.003
天津	1.009	1.006	0.983	0.992	1.005	1.006
河北	1.002	1.005	1.004	1.001	1.002	1
山西	1	1.002	0.999	1	0.996	0.996
内蒙古	1.005	1.004	0.994	1	1	0.994
辽宁	1	1	1	1	1	1
吉林	1.005	1.002	0.996	0.998	1.001	1.002
黑龙江	1.001	0.998	0.997	0.997	1	1.001
上海	1	1	1	1	1	1
江苏	1.004	1.002	0.995	1	0.999	1.001
浙江	0.999	1.001	1.006	1.003	1.002	1.002
安徽	0.998	0.999	1.005	1.004	1.002	1
福建	1.001	0.999	0.997	0.997	0.998	1.001
江西	1.008	0.995	1.001	1.001	0.999	1.001
山东	1	1.002	0.997	1.002	0.999	1.002
河南	1.001	1.005	1.007	1.002	1.002	1.003
湖北	1	1.004	0.994	1.002	1.002	1
湖南	0.998	1.004	1.008	1.005	1.002	1
广东	1.002	1.002	1.002	1.003	1.003	1.006
广西	0.999	1.002	1.002	1.001	0.998	0.999
海南	0.998	0.997	0.994	0.984	1.015	1.005
四川	1.001	1.005	1.007	1.003	1.002	1.008
贵州	1.005	0.997	0.997	0.997	0.999	1.004
云南	1	1.003	1.005	1.005	1.003	1.001
陕西	0.997	1.005	1.002	1	0.999	0.999
甘肃	1.003	0.999	0.995	0.997	1	1.003
青海	1.005	1.008	1.005	1.013	1.008	1.002
宁夏	1.001	1.003	1.009	1.008	1.003	1.001
新疆	1.006	1.002	0.986	0.993	0.998	1.003

附表9　　　　　　　　　　金融抑制指标体系

总指标	一级指标	二级指标	内容	得分
金融抑制	利率管制	存贷款利率	至少一个存在上下限	0
			一定范围内波动	1
			完全自由	2
	信贷管制	法定准备金额度	大于20%	0
			介于10%~20%之间	1
			小于10%	2
		信贷分配原则	中央银行决定信贷分配	0
			各银行自己分配	1
		按补贴率分配信贷	按补贴率向特定部门贷款	0
			补贴率不存在	1
		信贷上限	存在信贷上限	0
			不存在信贷上限	1
	银行业进入限制	外资银行进入程度	不允许外资银行进入	0
			允许外资银行进入（股票占比低于50%）	1
			外资银行占比大于50%	2
		新建银行程度	不允许新的银行成立	0
			允许新的银行成立	1
		银行分支限制	银行分支机构的设立受到严格限制	0
			银行分支机构的设立没有任何限制	1
		银行业务限制	仅仅从事银行业务	0
			银行业务不受限制	1
	金融监管	汇率制度	浮动汇率制度	0
			固定汇率制度	1
		资本流入	资本流入限制	0
			资本自由流入	1
		资本流出	资本流出限制	0
			资本自由流出	1

续表

总指标	一级指标	二级指标	内容	得分
金融抑制	银行国有化程度	银行国有化程度	大于50%	0
			介于25%~50%之间	1
			介于10%~25%之间	2
			小于10%	3
	证券市场管制	政府发展证券市场措施	不存在证券市场	0
			证券市场初步发展（短期政府债券发行、证券委员会成立）	1
			证券市场进一步发展（债券收入免税、中、长期政府债券发行，企业债券发行，股票交易系统运行）	2
			证券市场更进一步发展（股票衍生品市场发展，基金发行）	3
		股票市场开放程度	不存在外资股权	0
			允许外资股权占比低于50%	1
			外资股权占比不受限制	2
	资本市场监管	巴塞尔标准	未实行巴塞尔资金充足率8%标准	0
			实行巴塞尔标准	1
		银行监管机构干预银行程度	没有任何措施对银行实施监管	0
			监管目标清晰，已形成一系列监管措施但监管机构未独立于银行	1
			监管机构独立于银行，且已建立一套完整的监管法规	2
		银行监管实施程度	没有法规和未采取实际措施进行实地和远程监管	0
			实地和远程监管方案已经建立但未真正实施	1
			有效、复杂的监管措施已完全实施	2
		监管范围	未监管所有银行	0
			已监管所有银行	1

附表10　　　　　　　　　　企业家职能（F_1）

省份	2002年	2004年	2006年	2008年	2010年	2012年
北京	0.2390	-0.0969	0.9294	0.0811	0.7506	0.9142
天津	-0.1526	0.1158	0.0087	0.9680	1.3227	1.0803
河北	-0.2988	-0.2618	-0.1396	-0.0392	0.1427	0.3430
山西	-0.7489	-0.7146	-0.5142	-0.4215	-0.1717	-0.1008
内蒙古	-0.7708	-0.6704	-0.4274	-0.1520	0.0651	0.1077
辽宁	-1.3464	-1.1866	-0.8859	-0.6534	0.3850	0.5701
吉林	-0.8975	-0.7412	-0.3892	-0.0481	0.0085	-0.0205
黑龙江	-1.4571	-1.3405	-1.0895	-1.0050	-0.7206	-0.6196
上海	1.0459	1.8751	1.8152	1.8850	2.1346	1.8932
江苏	0.1174	0.2823	0.4093	0.6863	1.2130	1.6642
浙江	0.6546	0.6873	0.6860	0.8364	1.0596	1.5925
安徽	-0.2608	-0.2682	-0.1741	-0.1201	0.0319	0.1100
福建	0.1443	0.2236	0.3600	0.3837	0.7473	0.8801
江西	-0.2492	-0.3381	-0.2599	-0.1155	0.1719	0.2594
山东	-0.2434	-0.1632	0.0686	0.3576	0.5937	0.6415
河南	-0.3888	-0.2663	-0.1312	-0.0414	0.0531	0.0266
湖北	-0.6090	-0.5221	-0.3400	0.0340	0.3752	0.4519
湖南	-0.3440	-0.2855	-0.1095	0.0435	0.1286	0.1888
广东	0.1548	0.2078	0.2879	0.4107	0.7701	0.9892
广西	-0.2677	-0.2513	-0.1505	-0.0788	0.1427	0.4267
海南	-0.5198	-0.7122	-0.5232	-0.3929	-0.0682	0.0974
四川	-0.1732	-0.1526	-0.0758	-0.0728	0.0009	0.0811
贵州	-0.2990	-0.3112	-0.2500	-0.2274	-0.1421	-0.0668
云南	-0.3474	-0.2465	-0.2393	-0.1544	0.0620	0.1671
陕西	-0.3188	-0.3397	-0.2489	-0.2064	0.0208	0.2668
甘肃	-0.4969	-0.4121	-0.2781	-0.0730	0.0133	0.1523
青海	-0.3143	-0.1432	-0.0937	0.0468	0.2809	0.0694
宁夏	-0.5006	-0.4191	-0.1328	-0.0212	0.1242	0.3180
新疆	-1.4340	-1.3429	-1.0981	-0.8511	-0.6378	-0.6009

附表11　　　　　　　　　　信息化水平（F_2）

省份	2002年	2004年	2006年	2008年	2010年	2012年
北京	0.3549	0.3126	1.0234	1.3549	1.7589	0.2824
天津	-0.1347	0.0552	0.3435	0.4831	0.6579	-0.2175
河北	-1.1058	-0.6558	0.0357	0.4140	0.4578	-0.7627
山西	-0.7468	-0.3005	0.3965	0.7295	0.8883	-0.5901
内蒙古	-1.3127	-1.1034	-0.9929	-0.9152	-0.9996	-2.0084
辽宁	-0.8053	-0.5294	0.0715	0.1040	0.1973	-1.0155
吉林	-0.8995	-0.3254	0.2793	0.0936	0.0923	-1.3223
黑龙江	-1.0177	-0.7220	-0.3233	-0.0769	-0.1005	-1.4892
上海	-0.0328	0.4017	1.3054	2.0219	2.3109	1.1926
江苏	-0.9011	-0.5053	0.4460	0.7901	1.0782	0.0902
浙江	-0.6768	-0.3259	0.5831	0.9275	1.0993	-0.2161
安徽	-0.7648	-0.5749	0.5317	0.7207	0.9697	-0.2655
福建	-0.4682	0.1674	0.7758	0.7785	0.8174	-0.6812
江西	-0.7062	-0.4477	0.4178	0.5471	0.6778	-0.6903
山东	-1.0669	-0.9046	0.5261	0.8132	0.9479	0.1389
河南	-0.9676	-0.5364	1.0494	1.2345	1.3161	0.1498
湖北	-0.8424	-0.4855	0.4903	0.6216	0.8249	-0.3481
湖南	-0.7844	-0.6119	0.3829	0.5198	0.8032	-0.4485
广东	0.1729	0.9828	1.7183	1.7224	1.7451	-0.0200
广西	-0.8686	-0.0817	0.2049	0.3738	0.4539	-1.2147
海南	0.0355	0.4829	0.7734	1.2355	1.4203	-0.5780
四川	-0.9849	-0.8235	-0.2024	0.1472	0.5769	-0.9766
贵州	-0.5192	-0.0210	1.1131	1.4042	1.8244	-0.2201
云南	-0.4755	-0.1099	0.4471	1.0497	1.2329	-0.8485
陕西	-0.6205	-0.0630	0.8645	0.7946	0.8403	-0.7726
甘肃	-1.0230	-0.6924	-0.2439	0.3006	0.6932	-1.3075
青海	-1.0839	-1.0104	-0.7868	-0.1692	-0.0973	-1.6953
宁夏	-0.7500	-0.3375	0.2148	0.1349	0.1551	-1.2868
新疆	-0.8775	-0.6149	-0.3786	0.0868	0.4312	-1.5348

附表12　　　　　　　　　市场化投资水平（F_3）

省份	2002年	2004年	2006年	2008年	2010年	2012年
北京	-0.6021	0.1645	0.9339	0.8466	1.0707	0.8839
天津	-0.6669	-0.4894	0.5368	0.3094	-0.2486	-0.2553
河北	-1.5684	-0.8186	0.6143	0.9934	0.7312	1.2006
山西	-1.1719	-0.3980	-0.2149	-0.3325	-0.6151	-0.5072
内蒙古	-0.9914	-0.6978	0.1708	0.2079	0.1531	0.4683
辽宁	-0.6954	-0.0831	0.8268	1.0332	1.1360	1.4088
吉林	-0.2934	-0.1799	0.6583	0.9932	0.8132	1.2306
黑龙江	-0.8993	-0.4898	-0.0193	-0.1089	0.0070	0.1255
上海	-0.2140	0.0696	0.3573	-0.2716	0.2164	0.0707
江苏	-1.6420	-0.9045	1.1599	1.5260	1.3419	1.2769
浙江	-1.1587	-0.9334	1.0084	1.1730	1.0707	1.0089
安徽	-0.9987	-0.3731	0.6790	0.8664	0.9596	1.2522
福建	-0.5917	-0.1147	0.5426	0.3441	0.5238	0.6459
江西	-1.2118	-0.7238	-0.0030	0.9516	1.0615	1.4919
山东	-1.1613	-0.4995	1.1602	1.0709	1.1079	1.1440
河南	-1.3848	-0.5063	0.7019	1.0738	1.2374	1.4496
湖北	-1.5831	-0.5427	0.0291	0.1378	0.3725	0.7594
湖南	-1.2590	-0.8351	0.3638	0.5283	0.3581	0.6302
广东	-0.0809	-0.2456	0.8394	0.9793	0.5533	0.8231
广西	-1.0841	-0.4113	0.5929	0.6754	0.5573	0.8126
海南	-0.3096	0.3316	0.3863	0.9830	0.9855	0.8223
四川	-1.1053	-0.5340	0.3064	0.4426	0.1294	0.3213
贵州	-1.8812	-1.4731	-0.3049	-0.2191	-0.1931	-0.1490
云南	-1.8107	-0.7388	-0.7227	-0.3002	-0.4697	0.0889
陕西	-1.5416	-1.1843	-0.6327	-0.5967	-0.6607	-0.3138
甘肃	-2.1787	-1.7930	-1.0579	-0.7972	-0.9633	-0.7746
青海	-1.4711	-0.9620	-0.5517	-0.2569	-0.3989	-0.6810
宁夏	-1.8190	-0.3996	0.2294	0.3656	0.5820	0.3165
新疆	-0.8073	-0.6131	-0.1623	0.0534	-0.0594	0.0785

附表13　　　　　　　　　　地方政府干预程度（F_4）

省份	2002年	2004年	2006年	2008年	2010年	2012年
北京	-0.9441	1.2939	1.5893	2.7464	2.5582	2.9076
天津	-1.4732	0.4787	1.1238	1.6102	1.9943	2.2105
河北	-2.2150	-0.0281	0.4461	0.6389	0.5809	0.4861
山西	-2.2074	-1.0214	-0.4463	0.3859	0.7563	1.2310
内蒙古	-2.5085	-0.5987	0.7031	1.5648	2.0059	1.9907
辽宁	-1.5542	-0.2930	0.0346	-0.3171	-0.2415	-0.5387
吉林	-2.0158	-1.2963	-0.5833	0.3737	0.8812	1.0581
黑龙江	-2.3142	-0.2833	0.6423	1.4068	1.8356	2.2161
上海	-2.7770	-0.6952	-0.1193	0.2028	-0.2871	0.0736
江苏	-2.3687	-0.0070	0.2726	0.8466	1.2692	0.7989
浙江	-1.3226	0.1858	-0.2768	-0.0662	-0.3654	-0.0618
安徽	-2.3790	-1.5708	-1.0834	-0.9905	-0.4848	-0.1932
福建	-1.7932	-0.3117	-0.5030	-0.1055	-0.0239	0.0159
江西	-2.6314	-1.9678	-1.2360	-0.8408	-0.6579	0.3037
山东	-1.7406	0.2818	0.4120	0.8202	0.1415	0.4257
河南	-2.5772	-0.7685	0.0405	0.2352	0.3315	0.5215
湖北	-3.9738	-1.4699	-0.2580	0.1439	0.5495	0.5090
湖南	-2.6076	-0.3356	-0.6928	-0.2859	-0.6024	-0.5262
广东	-1.5710	-0.0239	-0.6717	-0.3302	-0.2647	-0.1671
广西	-0.7576	0.3531	-0.1644	-0.5047	-0.3913	-0.3214
海南	-2.8466	-1.5088	0.2672	1.1544	1.9637	2.7638
四川	-2.7380	-1.3385	-0.4880	-0.0325	-0.0764	0.3289
贵州	-1.9626	-0.4589	-0.7245	-0.3136	-0.2476	-0.0240
云南	-1.0666	-0.5440	-0.1806	0.0228	0.1008	0.3734
陕西	-3.2829	-1.5189	-1.3264	-1.2163	0.1355	-0.2127
甘肃	-2.1520	-0.9863	-0.1597	1.0318	1.4041	1.5194
青海	-1.6685	0.4434	2.7535	3.6765	3.9942	4.5791
宁夏	-0.1884	0.7666	0.3430	0.2307	0.4647	0.9852
新疆	-0.4584	1.3630	2.5019	3.1463	3.0521	3.3574

附表14　　　　　　　　　金融环境（F_5）

省份	2002年	2004年	2006年	2008年	2010年	2012年
北京	0.6975	2.8086	3.7872	2.2244	2.6249	1.6715
天津	-0.9140	1.4421	1.4998	0.0927	0.4989	-0.0146
河北	-2.3894	0.2427	0.8358	-0.3648	-0.4405	-0.8148
山西	-1.3108	0.7657	0.9111	-0.4398	-0.5959	-0.9772
内蒙古	-2.1690	0.0776	0.6537	-0.6621	-1.0082	-1.4377
辽宁	-1.2385	0.7339	1.4387	0.7921	0.1787	-0.0409
吉林	-1.4777	0.4421	0.8933	-0.4373	-0.9229	-1.3983
黑龙江	-2.4834	-0.6078	-0.4143	-1.7279	-1.5636	-2.0310
上海	-0.5978	2.1571	2.7636	1.7068	1.4814	1.0416
江苏	-1.5894	0.9577	1.5357	0.4756	0.2695	-0.1881
浙江	-0.8699	1.6992	2.4541	1.5448	1.5321	1.0725
安徽	-2.1650	-0.0576	0.8323	-0.1931	-0.3596	-0.6583
福建	-1.9903	0.7485	1.5838	0.5014	0.3001	-0.0346
江西	-2.0630	0.1450	0.5341	-0.0632	-0.3471	-0.6902
山东	-1.8723	0.3766	0.8921	-0.2567	-0.4135	-0.7626
河南	-1.6269	0.3876	0.8941	-0.2581	-0.5291	-0.9516
湖北	-1.9683	0.0857	0.6090	-0.5651	-0.5187	-1.0240
湖南	-2.1201	0.1419	0.6731	-0.4610	-0.6541	-1.1032
广东	-1.0045	1.2317	1.4411	0.2447	0.2240	-0.0296
广西	-2.1027	-0.0545	0.6751	-0.2233	-0.3434	-0.5524
海南	-1.7575	0.6853	0.9220	-0.1025	0.2781	-0.1852
四川	-1.4903	0.5642	1.0229	0.2213	0.0762	-0.4209
贵州	-1.8376	0.6374	0.9604	-0.0945	-0.0774	-0.6517
云南	-2.1659	0.2252	1.3271	0.2522	0.2998	-0.2999
陕西	-1.4848	0.4283	0.4627	-0.9002	-0.9342	-1.4598
甘肃	-1.6610	0.3322	0.4409	-0.2419	-0.8073	-0.9905
青海	-1.7820	0.4241	0.6012	-0.4827	-0.1516	-0.3962
宁夏	-0.9205	1.6238	2.2632	0.5199	0.0904	-0.2405
新疆	-2.0497	-0.2092	-0.0467	-1.4202	-1.1922	-1.3599

附表15　　　　　　　　　　　法治水平（F_6）

省份	2002年	2004年	2006年	2008年	2010年	2012年
北京	0.6084	0.8914	1.6503	1.9960	3.3705	1.7879
天津	0.1859	-0.1649	-0.0337	-0.4186	0.3656	-1.0576
河北	1.2912	1.0813	1.3074	0.6084	1.6995	0.4557
山西	-0.1356	-0.4068	-0.2756	-0.7082	0.0298	-1.4734
内蒙古	-0.0866	-0.3241	-0.1807	-0.6074	0.1562	-1.3471
辽宁	0.2746	0.0831	0.2633	-0.0915	0.7000	-0.7066
吉林	-0.0928	-0.3578	-0.2450	-0.6898	0.0795	-1.4327
黑龙江	0.1859	-0.1098	0.0398	-0.4540	0.3025	-1.1886
上海	0.2348	0.1321	0.4776	0.1798	0.9172	-0.4937
江苏	1.3371	0.9098	1.3870	0.6324	1.4590	0.1038
浙江	0.0052	-0.2139	-0.0612	-0.4290	0.3822	-1.0742
安徽	-0.0346	-0.2935	-0.1684	-0.5850	0.1587	-1.3526
福建	-0.1479	-0.3853	-0.2388	-0.6672	0.1056	-1.4015
江西	-0.1142	-0.3670	-0.2235	-0.6463	0.1458	-1.4040
山东	0.1859	-0.0149	0.1898	-0.1814	0.7062	-0.6183
河南	-0.0560	-0.2965	-0.1653	-0.6293	0.1752	-1.3150
湖北	-0.1754	-0.4221	-0.2848	-0.6885	0.0758	-1.4335
湖南	-0.0162	-0.2690	-0.1010	-0.5327	0.2539	-1.2395
广东	0.0787	-0.0332	0.2664	-0.0416	0.8192	-0.6107
广西	-0.1693	-0.4190	-0.3001	-0.7414	-0.0052	-1.5333
海南	-0.2305	-0.4864	-0.3582	-0.7911	-0.0477	-1.5892
四川	1.7535	1.6508	1.9901	1.7528	3.0187	2.2085
贵州	-0.2275	-0.4833	-0.3399	-0.7761	-0.0387	-1.5801
云南	-0.0254	-0.2261	-0.0766	-0.5599	0.2774	-1.1918
陕西	-0.0315	-0.2690	-0.1317	-0.6305	0.1609	-1.3228
甘肃	-0.1295	-0.3853	-0.2480	-0.7029	0.0552	-1.4791
青海	-0.2305	-0.4833	-0.3521	-0.7924	-0.0672	-1.6051
宁夏	0.1460	-0.1251	0.0367	-0.4366	0.3905	-1.0278
新疆	0.9084	0.7781	0.6644	0.3279	1.2793	-0.2940

参考文献

边喜春. 费用"粘性"的成因及控制对策 [J]. 价格月刊, 2005 (12): 18-23.

蔡昉. 中国经济增长如何转向全要素生产率驱动型 [J]. 中国社会科学, 2013 (1): 56-71.

钞小静, 惠康. 中国经济增长质量的测度 [J]. 数量经济技术经济研究, 2009 (6): 75-86.

钞小静, 任保平. 经济转型、民间投资成长与政府投资转向——投资推动中国经济高速增长的实证分析 [J]. 经济科学, 2008 (2): 5-15.

陈柳. 中国制造业产业集聚与全要素生产率增长 [J]. 山西财经大学学报, 2010 (12): 60-66.

陈晓声. 上海经济增长质量评价 [J]. 上海经济, 2005 (S1): 22-27.

程必定. 产业转移"区域粘性"与皖江城市带承接产业转移的战略思路 [J]. 华东经济管理, 2010 (4): 24-27.

程恩富, 尹栾玉. 加快转变对外经济发展方式须实现"五个控制和提升" [J]. 经济学动态, 2005 (11): 63-66.

楚尔鸣, 鲁旭. 基于SVAR模型的政府投资挤出效应研究 [J]. 宏观经济研究 2008 (8) 41-46.

楚尔鸣, 马永军. 异质空间资本流动视角下货币政策区域效应研究 [J]. 湖南师范大学社会科学学报, 2013 (4): 96-104.

戴国强, 刘煦, 吴许均. 我国商业银行贷款利率的粘性研究 [J]. 当代财经,

2006（3）：46-48.

戴武堂. 论经济增长质量及其改善闭［J］. 中国财经政法大学学报，2003（1）：35-39.

单豪杰. 中国资本存量K的再估算：1952~2006年［J］. 数量经济技术经济研究，2008（10）：17-31.

单薇. 基于熵的经济增长质量综合评价［J］. 数学的实践与认识，2003，33（10）：49-54.

单晓娅，陈森良. 经济增长质量综合评价指标体系设计［J］. 贵州财经学院学报，2001（6）：39-41.

樊纲，王小鲁，马光荣. 中国市场化进程对经济增长的贡献［J］. 经济研究，2011（9）：4-16.

樊胜，李玲. 固定资产投资与不确定性关系的实证研究［J］. 石家庄经济学院学报，2004（2）：17-20.

樊元，杨立勋. 关于经济增长质量统计的若干理论问题［J］. 西北师范大学学报，2002，39（2）：111-114.

高丙吉. 转轨以来甘肃经济增长质量的评价［J］. 经济管理者，2009（21）：119-120.

高善文. 投资效率并不差［J］. 新财富，2004，6（38）：17-22.

葛新元，陈清华，袁强，方福康. 中国经济6部门资本产出比分析［J］. 北京师范大学学报（自然科学版），2000（2）：178-180.

耿明斋，胡晓鹏. 投资拉动经济增长的实证分析与理论思考［J］. 经济学动态，1999（11）：16-20.

龚六堂，谢丹阳. 我国省份之间的要素流动和边际生产率的差异分析［J］. 经济研究，2004（1）：45-53.

关兵. 出口地理方向与我国全要素生产率增长——基于中国省际面板数据的实证分析［J］. 国际贸易问题，2010（11）：13-21.

郭庆旺，贾俊雪. 中国全要素生产率的估算：1979~2004［J］. 经济研究，2005（6）：51-60.

郭庆旺，赵旭杰. 地方政府投资竞争与经济周期波动［J］. 世界经济，2012（5）：3-21.

韩立岩, 蔡红艳. 我国资本配置效率及其与金融市场关系评价研究 [J]. 管理世界, 2001 (1): 65-70.

韩立岩, 王哲兵. 我国实体经济资本配置效率与行业差异 [J]. 经济研究, 2005 (1): 77-83.

郝颖, 刘星. 政府干预、资本投向与结构效率 [J]. 管理科学学报, 2011 (4): 52-75.

何元庆. 对外开放与 TFP 增长: 基于中国省际面板数据的经验研究 [J]. 经济学 (季刊), 2007 (4): 1127-1143.

贺铿. 中国投资、消费比例与经济发展政策 [J]. 数量经济技术经济研究, 2006 (5): 3-10.

贺力平. 金融发展与中国投资增长 [J]. 财贸经济, 2004 (11): 3-11.

洪英芳. 新时期人力资源开发与提高经济增长质量和效益研究 [J]. 人口学刊, 2002 (6): 27-31.

黄育川, 卡拉思, 迪帕克, 白海娜. 中国经济报告: 推动公平的经济增长 [R]. 北京: 北京大学, 2003.

纪淑萍. 我国各地区经济增长质量综合评价 [J]. 科技经济市场, 2006 (3): 89-90.

贾名清, 汪阔朋. 我国东部地区区域经济增长质量评价 [J]. 经济问题, 2009 (1): 122-124.

江涛涛, 郑宝华. 低碳经济下中国区域全要素生产率的收敛性研究 [J]. 经济问题, 2011 (12): 31-35.

蒋萍, 谷彬. 中国服务业全要素生产率增长分解与效率演进——基于随机前沿模型的分析 [A]. 中国经济特区论坛: 纪念改革开放30周年学术研讨会论文集, 2008: 326-345.

卡马耶夫. 经济增长的速度和质量 [M]. 陈华山, 左东官, 何剑, 等译. 武汉: 湖北人民出版社, 1983.

康志勇. 出口与全要素生产率——基于中国省级面板数据的经验分析 [J]. 世界经济研究, 2009 (12): 50-57.

孔玉生, 朱乃平, 孔庆. 根成本粘性研究: 来自中国上市公司的经验证据 [J]. 会计研究, 2007 (11): 58-65.

参考文献

库兹涅茨. 现代经济增长 [M]. 北京：北京经济学院出版社，1989.

雷辉，张娟. 我国资本存量的重估及比较分析：1952～2012 [J]. 经济问题探索，2014 (7)：16-21.

李变花. 经济增长质量指标体系的设置 [J]. 理论新探，2004 (1)：25-27.

李昊，王少平. 我国通货膨胀预期和通货膨胀粘性 [J]. 统计研究，2011 (1)：43-48.

李红松. 固定资产投资与经济增长关系的地区差异比较 [J]. 生产力研究，2004 (5)：104-105.

李京文，汪同三. 中国经济增长的理论和政策 [M]. 社会科学文献出版社，1998.

李俊霖，叶宗裕. 中国经济增长质量的综合评价 [J]. 经济纵横，2009，165 (4)：11-17.

李玲，陶锋，杨亚平. 中国工业增长质量的区域差异研究——基于绿色全要素生产率的收敛分析 [J]. 经济经纬，2013 (4)：10-15.

李青原，李江冰，江春，Kevin X. D. Huang 金融发展与地区实体经济资本配置效率——来自省级工业行业数据的证据 [J]. 经济学（季刊），2013 (2)：527-550.

李晓嘉. 公共支出促进我国经济增长方式转变的实证分析——基于动态面板数据的经验证据 [J]. 复旦学报（社会科学版），2012 (5)：22-28.

李延军，金浩. 经济增长质量与效益评价研究 [J]. 工业技术经济，2007，26 (2)：73-76.

李依凭. 1978年~2003年我国农民实际收入增长率变动对经济增长质量影响的动态分析 [J]. 技术经济，2004 (11)：F003-F004.

李增泉，孙铮，王志伟. 掏空与所有权安排——来自我国上市公司大股东资金占用的经验证据 [J]. 会计研究，2004 (12)：3-13.

李占风，袁知英. 我国消费、投资、净出口与经济增长 [J]. 统计研究，2009 (2)：39-42.

李周为，钟文余. 经济增长方式与增长质量测度评价指标体系研究 [J]. 中国软科学，1999 (6)：37-42.

梁亚民. 经济增长质量问题研究综述 [J]. 兰州商学院学报，2002，18 (2)：

31–35.

林民书,张志书. 投资低效与经济增长:对中国资本存量和无效投资的估算 [J]. 河南社会科学, 2008 (5): 32–36.

刘春宇,闫泽. 武构建转变经济发展方式的指标体系 [J]. 宏观经济管理, 2010 (6): 40–41.

刘海英,张纯洪. 非国有经济发展对中国经济增长质量影响机理研究——来自VEC模型的新证据 [J]. 经济学家, 2007 (6): 63–69.

刘海英,张纯洪. 中国经济增长质量提高和规模扩张的非一致性实证研究 [J]. 经济科学, 2006 (2): 13–22.

刘海英,张纯洪. 中国经济增长质量提高和规模扩张的非一致性实证研究 [J]. 经济科学, 2006 (2): 13–22.

刘海英,赵英才,张纯洪. 人力资本"均化"与中国经济增长质量关系研究 [J]. 管理世界, 2004 (11): 15–21.

刘金全,于惠春. 我国固定资产投资和经济增长之间影响关系的实证分析 [J]. 统计研究, 2002 (1): 26–29.

刘培林,宋湛. 工资粘性:基于中国不同行业的比较研究 [J]. 经济评论, 2002 (5): 47–50.

刘树成. 论又好又快发展 [M]. 经济研究, 2007 (6): 4–13.

刘新建. 宏观固定资本存量估计法改进及其对中国经济的应用 [J]. 山西师范大学学报(自然科学版), 2014 (2): 4–9.

刘亚建. 我国经济增长效率分析 [J]. 思想战线, 2002, 28 (4): 30–33.

刘亚军,倪树高. 基于全要素生产率的浙江省经济增长质量分析 [J]. 浙江社会科学, 2006 (6): 48–53.

刘熠辉. 中国地区金融生态环境评价 (2006~2007) [M]. 北京:中国金融出版社, 2007.

罗浩. 中国劳动力无限供给与产业区域粘性 [J]. 中国工业经济, 2003 (4): 53–58.

罗云毅. 中国经济增长中投资贡献的研究 [J]. 宏观经济研究, 1999 (2): 12–16.

骆祚炎. 消费粘性约束下直接与累积的财富效应测度及其政策涵义——来自

城镇居民 1990~2009 年的季度数据 [J]. 中央财经大学学报, 2011 (12): 85-90.

马建新, 申世军. 中国经济增长质量问题的初步研究 [J]. 财经问题研究, 2007 (3): 18-23.

毛其淋, 盛斌. 对外经济开放、区域市场整合与全要素生产率 [J]. 经济学 (季刊), 2011 (1): 181-210.

孟昊. 消费与投资对中国经济增长贡献的比较分析 [J]. 生产力研究, 2006 (11): 22-23.

聂方红. 主导与博弈——转型时期地方政府经济行为分析 [M]. 长沙: 国防科技大学出版社, 2007.

潘文卿, 张伟. 中国资本配置效率与金融发展相关性研究 [J]. 管理世界, 2003 (8): 16-23.

裴春霞. 投资、消费与经济增长 [J]. 学习与探索, 2000 (6): 17-21.

彭德芬. 经济增长质量研究 [M]. 武汉: 华中师范大学出版社, 2002: 8-22.

钱津. 转变经济增长方式的若干难点 [J]. 经济纵横, 1996 (10): 59-60.

秦学志, 张康, 孙晓琳. 产业关联视角下的政府投资拉动效应研究 [J]. 数量经济技术经济研究, 2010 (9): 3-17.

渠慎宁, 吴利学, 夏杰长. 中国居民消费价格波动: 价格粘性、定价模式及其政策含义 [J]. 经济研究, 2012 (11): 88-102.

申亮. 财政分权、辖区竞争与地方政府投资行为 [J]. 财经论丛, 2011 (4): 28-34.

申世军, 邬凯生. 广东省山东省经济增长质量研究 [J]. 工业技术经济, 2007, 26 (3): 64-68.

师博, 沈坤荣. 政府干预、经济集聚与能源效率 [J]. 管理世界, 2013 (10): 6-19.

宋国青. 全社会投资效率在上升 [J]. 财经, 2004 (10): 11-14.

孙犇, 宋艳伟. 官员晋升、地方经济增长竞争与信贷资源配置 [J]. 当代经济科学, 2012 (1): 46-59.

孙慧杰. 金融发展与全要素生产率——基于动态面板 GMM 的实证研究 [J].

晋阳学刊，2011（5）：43-47.

孙琳琳，任若恩. 中国资本投入和全要素生产率的估算 [J]. 世界经济，2005（12）：3-13.

孙新雷，钟培武. 改革开放后我国全要素生产率的变动与资本投入 [J]. 经济经纬，2006（5）：24-27.

孙铮，刘浩. 中国上市公司费用"粘性"行为研究 [J]. 经济研究，2004（12）：26-34.

陶长琪，齐亚伟. 中国全要素生产率的空间差异及其成因分析 [J]. 数量经济技术经济，2010（1）：19-22.

涂正革，肖耿. 中国的工业生产力革命——用随机前沿生产模型对中国大中型工业企业全要素生产率增长的分解及分析 [J]. 经济研究，2005（3）：4-15.

涂正革，肖耿. 中国经济的高增长能否持续：基于企业生产率动态变化的分析 [J]. 世界经济，2006（2）：3-10.

王兵，延瑞，鹏飞. 国区域环境效率与环境全要素生产率增长 [J]. 经济研究，2010（5）：95-109.

王积业. 关于提高经济增长质量的宏观思考 [J]. 宏观经济研究，2000（1）：11-17.

王仕豪，张智勇. 制造业中农民工用工短缺：基于粘性工资的一种解释 [J]. 中国人口科学，2006（2）：58-64.

王文甫. 价格粘性、流动性约束与中国财政政策的宏观效应 [J]. 管理世界，2010（9）：11-25.

王小鲁，樊纲. 中国地区差距的变动趋势和影响因素 [J]. 经济研究，2004（1）：33-44.

王志刚，龚六堂，陈玉宇. 地区间生产效率与全要素生产率增长率分解 [J]. 中国社会科学，2006（2）：55-66，206.

卫兴华，孙咏梅. 对我国经济增长方式转变的新思考 [J]. 经济理论与经济管理，2007（3）：5-10.

翁媛媛，高汝熹. 中国经济增长动力分析及未来增长空间预测 [J]. 经济学家，2011（8）：65-74.

参 考 文 献

吴敬琏. 当前经济形势的分析与展望 [J]. 中国远洋航务公告, 2004 (2): 2-6.

吴延瑞. 生产率对中国经济增长的贡献: 新的估计 [J]. 经济学 (季刊), 2008, 7 (3): 827-842.

武剑. 储蓄、投资和经济增长 [J]. 经济研究, 1999 (11): 29-35.

武瑞娟, 王承璐, 杜立婷. 沉没成本、节俭消费观和控制动机对积极消费行为影响效应研究 [J]. 南开管理评论, 2012 (5): 114-128.

向杨. 政府干预下企业过度投资形成机理研究 [D]. 成都: 西南财经大学, 2011.

肖珉. 现金股利、内部现金流与投资效 [J]. 金融研究, 2010 (10): 117-134.

谢瑞. 不同条件下固定资产投资函数模型研究 [J]. 现代财经, 2004 (5): 18-23.

谢玉先. 中国信息化与经济增长研究 [D]. 吉林: 吉林大学, 2008.

徐辉, 杨志辉. 密切值模型在经济增长质量综合评价计算中的应用 [J]. 理论新探, 2005 (12): 22-23.

徐建炜, 纪洋, 陈斌开. 中国劳动力市场名义工资粘性程度的估算 [J]. 经济研究, 2012 (4): 64-76.

徐杰, 杨建龙. 中国区域生产率的变动及分解——基于Malmquist生产率指数的实证研 [J]. 现代管理科学, 2010 (9): 3-5.

杨长友. 测评经济增长质量的六大向度 [J]. 福建论坛, 2000 (1): 33-35.

杨青青, 苏秦, 尹琳琳. 我国服务业生产率及其影响因素分析 [J]. 数量经济技术经济研究, 2009 (12): 46-58.

姚洋, 章奇. 中国工业企业技术效率分析 [J]. 经济研究, 2001 (10): 13-19.

叶裕民. 全国及各省区市全要素生产率的计算和分析 [J]. 经济学家, 2002 (3): 115-121.

叶宗裕. 中国省际资本存量估算 [J]. 统计研究, 2010 (12): 65-71.

余东华. 论我国投资率、消费率的变动趋势及其对经济增长的影响 [J]. 石油大学学报 (社会科学版), 2004 (6): 24-27.

余泳泽, 张妍. 我国高技术产业地区效率差异与全要素生产率增长率分解——

基于三投入随机前沿生产函数分析 [J]. 产业经济研究, 2012 (1): 44-53.

张功富. 政府干预、政治关联与企业非效率投资——基于中国上市公司面板数据的实证研究 [J]. 财经理论与实践, 2011 (3): 24-30.

张海星, 张海兰. 中国政府投资的宏观效率研究——基于 VEC 模型的经验实证 [J]. 宁夏社会科学, 2013 (5): 29-37.

张红凤, 张肇中. 所有权结构改革对工业行业全要素生产率的影响——基于放松进入规制的视角 [J]. 经济理论与经济管理, 2013 (2): 66-77.

张军, 金煜. 中国的金融深化和生产率关系的再检测: 1987~2001 [J]. 经济研究, 2005 (11): 34-45.

张军. "七五"期间经济效益的综合分析——各要素对经济增长贡献率的测算 [J]. 经济研究, 1991 (4): 8-17.

张军, 吴桂英, 张吉鹏. 中国省际物质资本存量估算: 1952~2000 [J]. 经济研究, 2004, (10): 35-44.

张茉楠. 真正的利率市场化改革难在哪里? [N]. 中国财经报, 2013-7-30 (8).

张卫国, 任燕燕, 侯永建. 地方政府投资行为对经济长期增长的影响——来自中国经济转型的证据 [J]. 中国工业经济, 2010 (8): 23-33.

张卫国, 任燕燕, 花小安. 地方政府投资行为、地区性行政垄断与经济增长——基于转型期中国省级面板数据的分析 [J]. 经济研究, 2011 (8): 26-37.

张永军. 从增量资本产出率的变化分析投资效率 [J]. 中国经贸导刊, 2004 (11): 15-16.

张卓元. 深化改革, 推进粗放型经济增长方式转变 [J]. 经济研究, 2005 (11): 4-9.

赵伟, 陈文芝. 沉没成本与出口滞后——分析中国出口持续高增长问题的新视角 [J]. 财贸经济, 2007 (10): 120-127.

赵彦云, 刘思明. 中国专利对经济增长方式影响的实证研究: 1988~2008 年 [J]. 数量经济技术经济研究, 2011 (4): 34-48.

赵英才, 张纯洪, 刘海英. 转轨以来中国经济增长质量的综合评价研究 [J].

吉林大学社会科学学报, 2006, 46 (3): 27-35.

赵志耕. 中国经济增长过程中的资本积累趋势与地区差异 [J]. 中国人民大学学报, 2005 (10): 63-70.

赵志耘, 杨朝峰. 中国全要素生产率的测算与解释: 1979~2009 年 [J]. 财经问题研究, 2011 (9): 3-12.

郑江淮, 曾世宏. 企业家职能配置、R&D 与增长方式转变——以长江三角洲地区为例 [J]. 经济学（季刊）, 2009 (10): 73-87.

郑京海, 胡鞍钢, Arne Bigsten. 中国的经济增长能否持续?——一个生产率视角 [J]. 经济学（季刊）, 2008 (3): 777-808.

郑玉歆. 全要素生产率的再认识——用 TFP 分析经济增长质量存在的若干局限 [J]. 数量经济技术经济研究, 2007 (9): 3-11.

钟娟, 魏彦杰, 沙文兵. 金融自由化改善了投资配置效率吗? [J]. 财经研究, 2013 (4): 16-27.

钟学义等. 增长方式转变与增长质量提高 [M]. 北京: 经济管理出版社, 2001.

周黎安. 中国地方官员的晋升锦标赛模式研究 [J]. 经济研究, 2007 (7): 36-50.

周晓艳, 韩朝华. 中国各地区生产效率与全要素生产率增长率分解（1990—2006）[J]. 南开经济研, 2009 (5): 26-48.

Abiad A, Detragiache E, Tressel T. A New Database of Financial Reforms [R]. IMF Working Paper, 2008.

Aigner D J, Lovell C A K, Schmidt P. Formulation and Estimation of Stochastic Frontier Production Function Models [J]. Journal of Econometrics, 1977 (6): 21-37.

Anderson M, Banker R, Janakiraman S. Are Selling, General, and Administrative Costs Sticky [J]. The Accounting Review, 2003 (41): 47-63.

Arigaa K, Matsui K, and M. Watanabe. Hot and Spicy: Ups and Downs on the Price Floor and Ceiling at Japanese Supermarkets [M]. Kyoto University, mimeo, 2011.

Arkes H R, Blumer C. The psychology of sunk cost [M]. Organizational Behavior and Human Decision Processes, 1985 (35): 124 – 140.

Aschauer D A. Back of the G – 7 Pack: Public Investment and Productivity Growth In the Group of Seven [D]. Working Paper Series, Macroeconomic Issues, Federal Reserve Bank of Chicago: 1989: 89 – 113.

Balakrishnan R, Peterson M, Soderstrom N. Does capacity utilization affect the stickiness of costs? [J]. Account, Audit and Finance. 2004. 19 (3): 283 – 299.

Barro R J. Quantity and Quality of Economic Growth [R]. Central Bankof Chile- Working Papers, 2002.

Battese E, Coelli T. Frontier Production Functions, Technical Efficieney and Panel Data: With Application to Paddy Farmers in India [J]. Journal of Productivity Analysis, 1992 (3): 153 – 169.

Blanchard O J, Gordon R J, Sims C A. Aggregate and Individual Price Adjustment [J]. Brookings Papers on Economic Activity, 1987, 18 (1): 57 – 122.

Blomstrom M, Lipsey R E, Zejan M. Is fixed investment the key to economic growth [J]. Quarterly Journal of Economics, 1996, 111: 269 – 276.

Calleja K, Steliaros M, Thomas D C. A note on cost stickiness: Some international comparisons [J]. Management Accounting Research, 2006, 17: 127 – 140.

Card D, Hyslop D. Does Inflation Grease the Wheels of the Labour Market? [J]. NBER Working Paper, 1996.

Carroll C D, Otsuks M, Slacalek J. How large are housing and financial wealth effects? A New Approach [J]. Journal of Money, Credit and Banking, 2011, 43 (1): 55 – 79.

Chen S, Sun Z, Tang S, Wu D. Government intervention and investment efficiency: evidence from China [J]. Journal of Corporate Finance, 2010, 17 (2): 259 – 271.

Chow G, Lin A. Accounting for Economic Growth in Taiwan and Maiuland China: A Comparative Analysis [J]. Joumal of Comparative Economics, 2002, 30 (3): 507 – 530.

Christofides L N, Leung M T. Nominal Wage Rigidity in Contract Data: A Para-

参 考 文 献

metric Approach [J]. Economic, 2003, 280 (70): 619-638.

Crepon B, Duguet E, Mairesse J. Research and development, innovation, and productivity: an econometric analysis at the firm level [J]. Economic of Innovation and New Techenology, 1998 (7): 115-158.

De Long J B, Summers L H. Equipment investment and economic growth [J]. Quarterly Journal of Economics, 1991 (106): 445-502.

Driscoll J C, Judson R A. Sticky Deposit Rates [R]. Finance and Economics Discussion Series, 2013.

Hail L, Leuz C. International Difference in the cost of Equity Capital: Do Legal Institutions and Securities Regulation Matter [J]. Journal of Accounting Reserch, 2005, 44 (3): 485-531.

Heckel T, Bihan H L, Montornès J. Sticky Wages. Evidence from Quarterly Microeconomic Data [R]. NER Working paper, 2008.

Hendricks L. Equipment investment and growth in developing countries [J]. Journal of Development Economics, 2000, 61 (2): 53-61.

Herzer D. The Long-Run Relationship between Outward FDI and Total Factor Productivity: Evidence for Developing Countries [J]. The Journal of Development Studies, 2011, 47 (5): 767-785.

Heshmati A, Kumbhakar S C. Technical change and total factor productivity growth: The case of Chinese provinces [J]. Technological Forecasting & Social Change, 2011 (7): 575-590.

Hong Y. The Quality of Economic Growth and the Effect of Population. [J]. Chinese Journal of Population Scienee, 1994, 6 (1): 13-38.

Justiniano A, Primiceri G E, Tambalotti A. Investment Shocks and Business Cycles [J]. Journal of Monetary Economics, 2010 (2): 132-145.

J. W. Kendrick. Productivity Trends in the United States [M]. Princeton University Press, 1961.

Kahn S, Evidence of Nominal Wage Stickiness from Microdata [J]. American Economic Review, 1997, 87 (5): 993-1008.

Kashyap A. Sticky Prices: New Evidence from Retail Catalogs [J]. Quarterly Journal of Economics, 1995, 110: 245 – 274.

Khan H, Zhu Z. Estimates of the Sticky – Information Phillips Curve for the United States [J]. Journal of Money, Credit, and Banking, 2006, 38: 195 – 2007.

Khan M S, Reinhart C M. Private Investment and Economic Growth in Developing Countries [J]. World Development, 1990, 18 (1): 19 – 27.

Klenow P J, Kryvtsov O. State – Dependent or Time – Dependent Pricing: Does It Matter for Recent U. S. Inflation [J]. Quarterly Journal of Economics, 2008, 123: 863 – 904.

Knoppik C, Beissinge T. How Rigid Are Nominal Wages? Evidence and Implications for Germany [J]. Scandinavian Journal of Economics, 2003, 105 (4): 619 – 641.

Kumbhakar S C, Lovell C A K. Stochastic frontier analysis [M]. New York: Cambridge University Press, 2000.

Kwan A C C, Wu Y, Zhang J. Fixed Investment and Economic Growth in China [J]. Economics of Planning, 1999, 32: 67 – 79.

Lee J, Kim D. Different Models for Regional Integration: Lessons from Total Factor Productivity in Europe [Z]. ADBI Working Paper, 2013.

LeSage J P, Fischer M M. Estimates of the Impact of Static and Dynamic Knowledge Spillovers on Regional Factor Productivity [J]. International Regional Science Review, 2012, 35 (1): 103 – 127.

Lipsey R, Kravis I. Saving and economic growth is the United States Really falling behind [M]. New York: The conference Board, 1987.

Madsen J B. The causality between investment and economic growth [J]. Economics Letters, 2002, 74 (2): 157 – 163.

Mahlberg B, Luptacik M, Sahoo B K. Examining the drivers of total factor productivity change with an illustrative example of 14 EU countries [J]. Ecological Economics, 2011, 72: 60 – 69.

Maiti D. Market imperfections, trade reform and total factor productivity growth: theory a nd practices from India [J]. J Prod Anal, 2013, 40: 207 – 218.

参考文献

Mankiw G, Reis R. Pervasive Stickiness [J]. American Economic Review, 2006, 96 (2): 164 – 169.

Mankiw N G, Reis R. Imperfect Information and Aggregate Supply [M]. Handbook of Monetary Economics, 2010, (3A): 183 – 189.

Maria Gabriela Ladu. The relationship between total factor productivity growth and employment: some evidence from a sample of European Regions [J]. Empirica, 2012 (39): 513 – 524.

Mcgreevey C, Carey R G. Technical efficiency and total factor productivity growth in the hazelnut agricultural sales cooperatives unions in Turkey [J]. Mathematical and Computational Applications, 2011 (16): 66 – 76.

McLaughlin K J. Rigid Wages? [J]. Journal of Monetary Economics1994, 34 (3): 383 – 414.

Mendali R A, Glenn C W, Gunter L F. Total Factor Productivity in Brazil's and Argentina's Agriculture: A Comparative Analysis [R]. Orlando, Florida: SAEA Annual Meeting, 2013.

Mitra A, Sharma C, Véganzonès – Varoudakis M – A. Total Factor Produc-tivity and Technical Efficiency of Indian Manufacturing: The Role of Infrastructure and Information & Communication Technology [J]. CERDI, Etudes et Documents, 2011, 15.

Nakajima J, Teranishi Y. The Evolution of Loan Rate Stickiness Across the Euro Area [R]. Imes Discussion Paper, 2009.

Onjala J. Total factor productivity in Kenya: The links with trade policy [J]. AERC Research Paper, 2002.

Podrecca E, Carmeci G. Fixed Investment and Economic Growth: New Results on Causality [J]. Applied Economics, 2001, 33 (2): 177 – 182.

Pratap S, Urrutia C. Financial frictions and total factor productivity: Accounting for the real effects of financial crises [J]. Review of Economic Dynamics, 2012 (15): 336 – 358.

Reis R. A Sticky – Information General – Equilibrium Model for Policy Analysis [J]. Working Paper of National Bureau of Economic Research. http://www.

nber. org/papers/w14732, 2009a.

Reis R. Inattentive Producers [J]. Review of Economic Studies, 2006, 73: 793 – 821.

Sims C A. Implications of Rational Inattention [J]. Journal of Monetary Economics, 2003 (3): 665 – 690.

Smith J C. Nominal Wage Rigidity in the United Kingdom [J]. Economic Journal, 2000, 110: C176 – C195.

Smolny W. Dynamic adjustment and long-run equilibria: Panel data estimates for the East German states [J]. Economic Modelling, 2010, 27 (5): 1223 – 1229.

Snordone A, M. Prices and Unit Labor Costs: New test of Price Stickiness [J]. Journal of Monetary Economics, 2002. 49 (2): 265292.

Thomas V. 增长的质量 [M]. 中国财政经济出版社, 2001.

Turner C, Tamura R, Mulholland S E. How important are human capital, physical capital and total factor productivity for determining state economic growth in the United States, 1840 – 2000? [J]. J Econ Growth, 2013 (18): 319 – 371.

Vanhoudt P. A fallacy in causality research on growth and capital accumulation [J]. Economic Letters, 1998 (60): 77 – 81.

Zhang J. Investment, investment efficiency, and economic growth in China [J]. Journal of Asian Economics, 2003 (14): 713 – 734.

后　　记

经过近三年的修改，本书在我的博士论文基础上终于得以完成。在此，我要向在专著创作中曾经给予我莫大帮助和关心的老师、同事、同学和家人表示诚挚的谢意。

首先，要感谢我的博士生导师楚尔鸣教授。由于我的硕士专业是应用数学，起初对于经济学也是一知半解，对于之后的学习更是忧心忡忡。正是有了您不厌其烦地给我讲解经济学知识，一遍一遍不辞辛劳地修改论文，才使得我重拾信心。博士论文从最初的选题、开题、初稿到最后定稿，每一步都是在您的精心指导下完成的。您不仅治学严谨、学识渊博，而且正直、宽容、谦虚，关心我的生活，正是有了您的精心指导，我今天在科研上才有了不断的进步。

其次，我要感谢李海海教授、舒建平副教授、醋卫华副教授、罗蓉副教授、许先普博士、何鑫博士、石华军副教授、许明博士。感谢你们在多次的讨论和交流中提出的宝贵意见。感谢李逸飞、夏娟、李心雅、杨芳、田晨、田洁等同门师弟、师妹的大力支持。感谢你们在数据和文献的搜集整理过程中的无私付出。还要感谢我的硕士生导师喻祖国教授。您认真、严谨、一丝不苟的学术态度，一直是我学习的榜样。在硕士期间，您对我严格要求，认真负责，使我在数理推导、编程、英文论文阅读和写作等方面得到了极大提高，而这些为专著创作打下了坚实基础。

最后，由衷感谢我的父母，感谢你们多年来的养育和培养。作为一个来自农村，有四个兄弟姐妹的我，能够顺利拿到博士学位，并进入高校工作，离不开你们无怨无悔的付出。虽然家里并没有多少收入，但您们总会想尽办法为我们四个孩子凑齐学费。为了凑学费，爸爸干着最累、最脏的装卸工的工作。每天要扛着将近两百斤的麻袋来来回回，一干就是将近二十年。为了节省开支，妈妈您省吃俭用，已经好多年没看到您穿新衣服。当看到别的孩子，因交不起学费而辍学，而我还可以坐在教室认真学习时，我的心里总是感觉暖暖的。您们虽然读书不多，但您们却总是用最朴实的话语鼓励我、支持我。您们常说："学就要学好，只要你们学的好，就一定供得起，学费不用操心"。正是有了您们默默的支持和鼓励，我才能不断克服学习、生活中的困难和挫折，才有了今天所取得的成绩。

特别要感谢我的爱人胡彬女士。为了这个家，你总是无怨无悔的付出，从不对我要求什么。你对我包容、体贴，这些让我发自内心的感到温暖、感到幸福。每当我感到懈怠、心烦意乱时，想到你，我便有了继续前行的动力。也要感谢我的岳父、岳母，是你们不辞辛劳的照顾依依和哲哲，为我解决了后顾之忧。

最后，感谢湖南工业大学出版基金的资助和支持！

马永军
于湖南工业大学经贸学院
2018 年 7 月 12 日